Matthias Klein
Carola Müller

Die Puppenstadt

im Schloßmuseum zu Arnstadt

Karl Robert Langewiesche Nachfolger
Hans Köster Verlagsbuchhandlung KG
Königstein im Taunus
2. Auflage 1994

Mit dem Schloßmuseum zu Arnstadt verbindet sich der Name einer einzigartigen Puppensammlung: "Mon plaisir". Jedes Jahr finden Tausende von Besuchern den Weg in die Ausstellungsräume dieses Museums, mit der Absicht, das nachzuvollziehen, was mit der Entstehung dieser Sammlung angestrebt wurde: Das Vermitteln eines detailgetreuen Abbildes einer kleinen deutschen Residenzstadt der ersten Hälfte des 18. Jahrhunderts.

Vom Umfange und der Geschlossenheit der Sammlung geht "Mon plaisir" somit weit über die Zielstellung vergleichbarer Puppenhäuser in Nürnberg, Amsterdam, Utrecht, Frankfurt/M. oder London hinaus.

Puppenhäuser des 16. bis 18. Jahrhunderts

Das älteste bekannte Puppen- oder Dockenhaus[1] entstand in den Jahren 1557/58. Herzog Albrecht V. von Bayern ließ es für seine Kinder anfertigen[2]; später jedoch wurde es als Kunstkammer-Schaustück den Stadtmodellen der bayrischen Residenzstädte zur Seite gestellt[3]. Leider fiel dieses Puppenhaus einem der Brände der Münchner Residenz zum Opfer.[4]

Von einem weiteren, heute nicht mehr existierenden Puppenhaus haben wir durch ein Flugblatt - es handelt sich um einen Holzschnitt des 17. Jahrhunderts - Kenntnis. Es ist das "Kinder= Hauß"[5] der Patrizierin Anna Köferlin, 1631 in Nürnberg hergestellt. Dem Text des Flugblattes ist zu entnehmen, daß das Puppenhaus gegen ein Eintrittsgeld zur Besichtigung freigegeben war. Offenkundig verfolgte Anna Köferlin mit diesem Schaustück einen pädagogischen Zweck, nämlich den, Bürgertöchtern ein Abbild ihres künftigen Hausstandes zu vermitteln.

Überhaupt waren solche Puppenhäuser, wie auch die "Mon plaisir" - Sammlung, reine Anschauungsobjekte und als repräsentative Kunstkammerstücke nicht zum Spiel bestimmt.

Das in der Literatur von Zeit zu Zeit angeführte Argument, daß diejenigen Puppenhäuser, die eventuell doch zum Spiel der Kinder dienten, im Laufe von Jahrzehnten oder gar Jahrhunderten verschlissen und somit vernichtet sind, ist andererseits kaum zu widerlegen.

Tatsache ist, daß sich solche Puppenhäuser oftmals über Generationen in Familienbesitz befanden und im Laufe der Zeit entsprechende Ergänzungen an Interieur oder Puppen selbst erfahren konnten. So tragen diese Puppenhäuser oft auch den Namen der jeweiligen Besitzer oder Auftraggeber: z. B. das Stromer'sche, Tucher'sche oder Kreß'sche Puppenhaus im Germanischen Nationalmuseum Nürnberg oder das Gontard'sche im Historischen Museum der Stadt Frankfurt/M.

Die europäischen Puppenhäuser des 17. und 18. Jahrhunderts bringen als verkleinertes Abbild der Wirklichkeit jeweils auch die Mentalität ihres Herkunftslandes zum Ausdruck. Elegante französische "Cabinets" beispielsweise sind leicht von den holländischen "Poppenhuizen" zu unterscheiden, die großen Wert auf reichhaltiges und üppiges Inventar legen. Die Puppenstuben sind hier in kunstvollen Schränken aus wertvollen Hölzern untergebracht, so daß das Repräsentationsbestreben ihrer Besitzer - meist wohlhabende holländische Bürger - schon äußerlich erkennbar wurde.

Das deutsche Puppenhaus ist in der Auffassung das am wenigsten spielerische. Meist gibt es einen detailgetreuen Einblick in die verschiedenen Lebenswelten des bürgerlichen Haushaltes.

Im Raum südlich der Alpen ist nur ein einziges Puppenhaus bekannt, und zwar in Bologna. Es zeigt schon in seiner äußeren Anordnung den Stil eines italienischen Palazzos und ist grundverschieden von den bisher erwähnten Beispielen. In England scheinen die Puppenhäuser weitaus häufiger als Spielzeug Verwendung gefunden zu haben, als daß sie als wahre Kabinettstücke der Repräsentation dienten.

Als repräsentative Kunstkammerobjekte waren die Herstellung und der Besitz solcher Puppenhäuser durchaus ein kostspieliges Vergnügen. Eine Beschreibung des 18. Jahrhunderts weiß dazu folgendes zu berichten: "Bey der Erziehung der Mädgen muß ich der Spiehl= Sachen gedenken, mit welchen manche spiehlten, biß sie Bräute wurden, nehmlich der sogenannten Dockenhäuser. Darin war alles, was zu einem Hause und einer Haußhaltung gehörte, im kleinen vorgestellt, und manche trieben dabei die Üppigkeit so weit, daß ein solches Spiehl= Werk gegen 1000 Gulden und mehr zu stehen kam."[6] - eine Tatsache, die auch bei der Anfertigung der "Mon plaisir" - Sammlung eine nicht unbedeutende Rolle spielte.

Die Fürstin Auguste Dorothea in Arnstadt

"Mon plaisir" - "Mein Vergnügen" - nannte Auguste Dorothea von Schwarzburg-Arnstadt (1666-1751) ihre Schöpfung, eine regelrechte Puppenstadt, die vom Umfange her die bisher geschilderten und bekannten Puppenhäuser weit übertrifft. 1684 kam sie, die Tochter des als Kunstsammler bekannt gewordenen Herzogs Anton Ulrich von Braunschweig-Wolfenbüttel, als Gemahlin des Grafen und seit 1697 Fürsten Anton Günther II. (1653-1716) von Schwarzburg-Arnstadt in dessen Residenzstadt. Arnstadt sollte nach dem Willen seines Landesherrn in der Folgezeit ein Kulturmittelpunkt werden, wobei Anton Günther neben einer für sein kleines Fürstentum umfangreichen Hofhaltung - es existierten beispielsweise eine 22 Mann starke Hofkapelle und ein Hoftheater - auf Schloß Neideck, seiner Residenz in Arnstadt, wissenschaftliche und künstlerische Neigungen entwickelte. Dafür sprechen eine systematisch angelegte, umfangreiche Münzsammlung, laufende Ausgaben für die Bibliothek und die Anwerbung bekannter Gelehrter wie des Numismatikers Andreas Morelli, des Bibliothekars Christian Schlegel, des Historikers Johann Christoph Olearius u. a. m. Nicht unerwähnt soll bleiben, daß zur Regierungszeit Anton Günthers Johann Sebastian Bach in Arnstadt als Organist tätig war (1703-1707).

Die Augustenburg - Entstehungsort des "Mon plaisir" - Die Fürstin als Kunstsammlerin

Am 4. August 1699 schenkte Anton Günther II. seiner Gemahlin Auguste Dorothea "unser also genanntes Pfasan Hauß unter der / Käfernburg gelegen"[7], ein Grundstück von damals insgesamt 38 Akkern Land in der Nähe Arnstadts zur Errichtung eines Lustschlosses.

Nach der Donatio vom 23. Juni 1700[8] ließ Auguste Dorothea unter Erwerb weiterer Ländereien bis 1710 dort die Augustenburg errichten. Dieses vorwiegend zweistöckige, vermutlich recht leicht gebaute Schloß mit angrenzendem Lustgarten, Wirtschaftsgebäuden, Kirche, Reithaus, Theater u. a. beherbergte im südlichen Seitenflügel die Puppensammlung "Mon plaisir". Überhaupt gab sich die Fürstin Auguste Dorothea in der Abgeschiedenheit ihres Lustschlosses ihrer künstlerischen Sammelleidenschaft hin, wobei zu ihren Sammelobjekten Porzellane und Gemälde ebenso wie Schmuck und andere kunsthandwerkliche Erzeugnisse zählten. Nach dem Tod der Fürstin 1751 wurden Teile des Inventars der Augustenburg auf einen Wert von 7890 Reichstalern[9] geschätzt. "Die vielen Gemächer sind alle auffs kostbareste Fürstlich meubliret / und mit raren und curieusen Schildereyen / auch pretieusen Spiegeln gezieret. Insonderheit sind sehens=würdig / die Porcellain Cabinetta, in welchen viel Chinesische / Japanische und Persianische Porcellain-Geschirr / zu sehen. Der grosse Saal / mit zweyen Caminen, dessen Boden mit allerhand Holtz ausgeleget ist / und die Decke in fresco, mit Wapen und kostbaren Gemählden gezieret / ist das weitläufftigste Gemach. Das Audienz-Gemach / und Frantzösische Zimmer sind wegen der schönen Protraiten und Meublen zu bewundern".[10]

So nimmt es nicht Wunder, daß sich die Fürstin in ihrer Eigenschaft als Kunstsammlerin hoch verschuldete - eine Tatsache, die auch im Zusammenhang mit der aufwendigen Anfertigung ihrer Puppensammlung zu betrachten ist. Allein bis zu seinem Tode 1716 übernahm Fürst Anton Günther eine Schuldensumme seiner Gemahlin über 18 000 Reichstaler.[11]

Endlose Hinweise über das Schuldenwesen der "Herzogin zur Augustenburg", wie Auguste Dorothea sich später offenbar selbst bezeichnete, füllen die Akten.[12,13,14], so z. B. "... unßere Postmeistrin von Höÿm / zu unßerer hö(c)hsten notturft und rettung unßrer / fürstl. Ehren und wordts, auff unßere verlangen / und ansinnen zweÿ mit Diamanten versezte / Haarnadeln, eine schnur schottische Perlen, Ein / gülden mit rubinen versezt doßgen, Ein / silbern Kästgen mit bunten steinen, zu ver= / schidnen mahlen zu Leipzig bey Hl. Casper / Schneidern versezen müßen und drauff se(c)hs / zehnhundert dahler sayn 1600 rthl auff / genommen, von denselben theils unßere / dringende Schuldner bezahlet, etwas uns / baar geliefert ... Auguste Dorothea".[15] Mit dem Datum des 7. Mai 1709 wurde Anton Günther durch Herzog Wilhelm Ernst von Sachsen-Weimar nahe gelegt, einen Prozeß gegen seine Gemahlin auf Grund einer Schuldklage abzuwenden.[16] 1707 lieh das Erfurter Ursulinenkloster Auguste Dorothea 600 Reichstaler[17] - eine Beziehung zum Orden der Ursulinen, die in der Folgezeit bestand, gab wohl den Anlaß zur Gestaltung mehrerer Klosterszenen in der Puppensammlung. Am 31. Dezember 1715 konvertierte Auguste Dorothea zum Katholizismus[18,19], kurz darauf erteilte Anton Günther seiner Gemahlin "... und dero Cathol. Domestiqven..."[20] die Erlaubnis, auf der Augustenburg katholische Gottesdienste zu zelebrieren. 1751 wurde Auguste Dorothea - laut vorheriger Vereinbarung mit dem Konvent - in der Klosterkirche des Erfurter Ursulinenklosters bestattet.[18,21]

Bildnis der Fürstin Auguste Dorothea von Schwarzburg-Arnstadt, der Schöpferin der Puppensammlung "Mon plaisir". Unbekannter Meister, 1726

Nach dem Tode ihres Gemahls Anton Günther am 20. Dezember 1716 fiel es Auguste Dorothea vor dem Hintergrund ihres Schuldenwesens offenkundig schwer, ihre Wittumsansprüche gegenüber den Schwarzburgern - insbesondere gegenüber ihrem Schwager, dem zu Sondershausen residierenden Fürsten Christian Wilhelm (1647 - 1721) - durchzusetzen [22, 23]; doch auch eine Abfindungssumme von 24 000 Reichstalern[24] befreite Auguste Dorothea in der Folgezeit nicht aus ihren Geldverlegenheiten.[25] Bei ihrem Tode hinterließ sie zahlreiche Gläubiger, und allein ihren Bedienten auf der Augustenburg schuldete sie insgesamt 3559 Reichstaler an Besoldung.[26]

Geschichte der Puppensammlung "Mon plaisir"

Neben der Sammelleidenschaft der Kunstliebhaberin Auguste Dorothea trug zweifellos die intensive und kostenaufwendige Beschäftigung mit der Herstellung des "Mon plaisir" zu diesem finanziellen Gebaren der kinderlosen Fürstin in ihrer 35jährigen Witwenzeit auf der Augustenburg bei.

Doch obwohl ein Hauptanteil der Puppensammlung in diesem Zeitraum entstanden sein dürfte, können Anfänge hierzu noch während des Aufenthaltes der Auguste Dorothea im Residenzschloß Neideck vermutet werden. Eine erste Rechnung über 24 Reichstaler "an Poppen Zeüg" und noch einmal sechs Groschen für "1/4 Loth Poppenzeüg",[27] gekauft auf der Leipziger Ostermesse 1697, steht wohl im Zusammenhang mit dem Vorhaben der Fürstin. Die auf mehreren Objekten in der Sammlung selbst enthaltenen Jahreszahlen umspannen im wesentlichen den Zeitraum von 1704 bis 1751, wobei wenige, aus diesem Zeitraum herausfallende Jahreszahlen Phantasiezahlen sein könnten.[28] Nicht zuletzt stilistische Kriterien stützen dabei die Annahme, daß die Hauptentstehungszeit des "Mon plaisir" von den ersten Jahren des 18. Jahrhunderts bis ca. 1735 reicht, wobei bis zum Tode der Fürstin 1751 mehr oder weniger regelmäßig ergänzt wurde.

Die Ornamentik des Interieurs ist der damals modernen Raumgestaltung der Régence verpflichtet, deren vorherrschendes Merkmal das Bandelwerk ist. Dem Barock zuzuordnende Miniaturmöbel ergänzen das Bild. Rocaillen als Kennzeichen des seit ca. 1740 aufkommenden Rokoko finden sich nicht.

Viele kleine keramische Erzeugnisse in "Mon plaisir" wurden in der Fayencemanufaktur Dorotheenthal hergestellt. Die Manufaktur befand sich in unmittelbarer Nähe der Augustenburg und wurde 1715 auf Veranlassung der Fürstin Auguste Dorothea gegründet. Etliche dieser Produkte in der Puppensammlung sind gemarkt und signiert und lassen sich in die frühe Phase der Manufaktur - bis etwa 1735 - datieren.[29,30]

Die Porzellane en miniature sind nach Form und Dekor überwiegend chinesischer, in einigen Fällen auch japanischer Herkunft; z. T. stammt die Bemalung von europäischer Hand.[31]

Neben den bereits genannten Produkten kunsthandwerklicher Art mußte eine Vielzahl weiterer Miniaturgegenstände angefertigt werden, um ein lebensnahes Abbild einer kleinen thüringischen Residenzstadt zu zeichnen, welches die Fürstin Auguste Dorothea offenkundig anstrebte. Die Zahl der bislang anonym gebliebenen Handwerker, die im Auftrage der Fürstin an "Mon plaisir" gearbeitet haben, ist unbekannt. Zweifellos hat Auguste Dorothea auch ihren Hofstaat zur Fertigung der Puppensammlung hinzugezogen, und es waren wohl ihre Hofdamen, die an der Herstellung der Garderobe der Püppchen mitwirkten.[32]

Als letztlich ungeklärt muß auch die Urheberschaft der kunstvoll gefertigten Puppenköpfe angesehen werden. Ein erster Hinweis aus dem Jahre 1820 berichtet von Besuchen der Auguste Dorothea in Erfurt, wo sie "daselbst die Bekanntschaft zweier Mönche, die gute Wachspoussierer waren..."[33] machte. Weiter heißt es dazu: "Die als Künstler beliebten Mönche waren auch in der Nähe [der Augustenburg, der Verf.], fertigten dazu Wachsgesichter, und was die Abbildungen der Fürstin, ihrer Räthe, Beamten, Damen, Diener u.s.w. betraf, so wurden dieselben nach dem Leben gemacht, und sind also Porträts (wie von einigen wenigstens, ein noch lebender geachteter Schriftsteller in Arnstadt), mir die Versicherung gab, der einige derselben noch recht gut gekannt hatte..."[34] Ob mit diesen zwei Mönchen aus Erfurt tatsächlich die in der älteren Literatur immer wieder genannten Franziskanerpatres Benedikt Sauer und Antonius Einhorn gemeint sind, bleibt offen. Beide waren nacheinander Hofprediger und Beichtväter auf der Augustenburg[35], wobei allerdings die Mitarbeit Einhorns an einigen Objekten des "Mon plaisir" nachweisbar ist.[36] Die Feststellung, daß die Puppenköpfe Porträtcharakter tragen, läßt sich ebenfalls nicht verallgemeinern. Zweifellos handelt es sich um hervorragend gearbeitete, aus mit verschiedenen Zusätzen versehenem Bienenwachs hergestellte Keroplastiken, von denen sich viele jedoch auf wenige bestimmte Typen zurückführen lassen.

Unverkennbar bleibt auch, daß die Fürstin etliche einzelne Gegenstände durch Ankauf oder Schenkung den einzelnen Puppenstuben hinzufügte. Offenbar wurde bei der Vielzahl des zur Verfügung stehenden Materials dahingehend ausgewählt, was nach inhaltlichen und vor allem dem Format der Puppenstuben entsprechenden Aspekten brauchbar war. Dies betrifft insbesondere die ostasiatischen Miniaturporzellane, Tapeten, Stoffe, einige Schnitzereien, Gemälde, verschiedene Kupferstiche und offenbar auch einige in Hinblick auf Proportionen und Machart aus dem Rahmen fallende Puppen.

Der Name "Mon plaisir" tritt in den schriftlichen Quellen zum erstenmal im Jahre 1751 hervor, als - vermutlich kurz nach dem Tode der Auguste Doro-

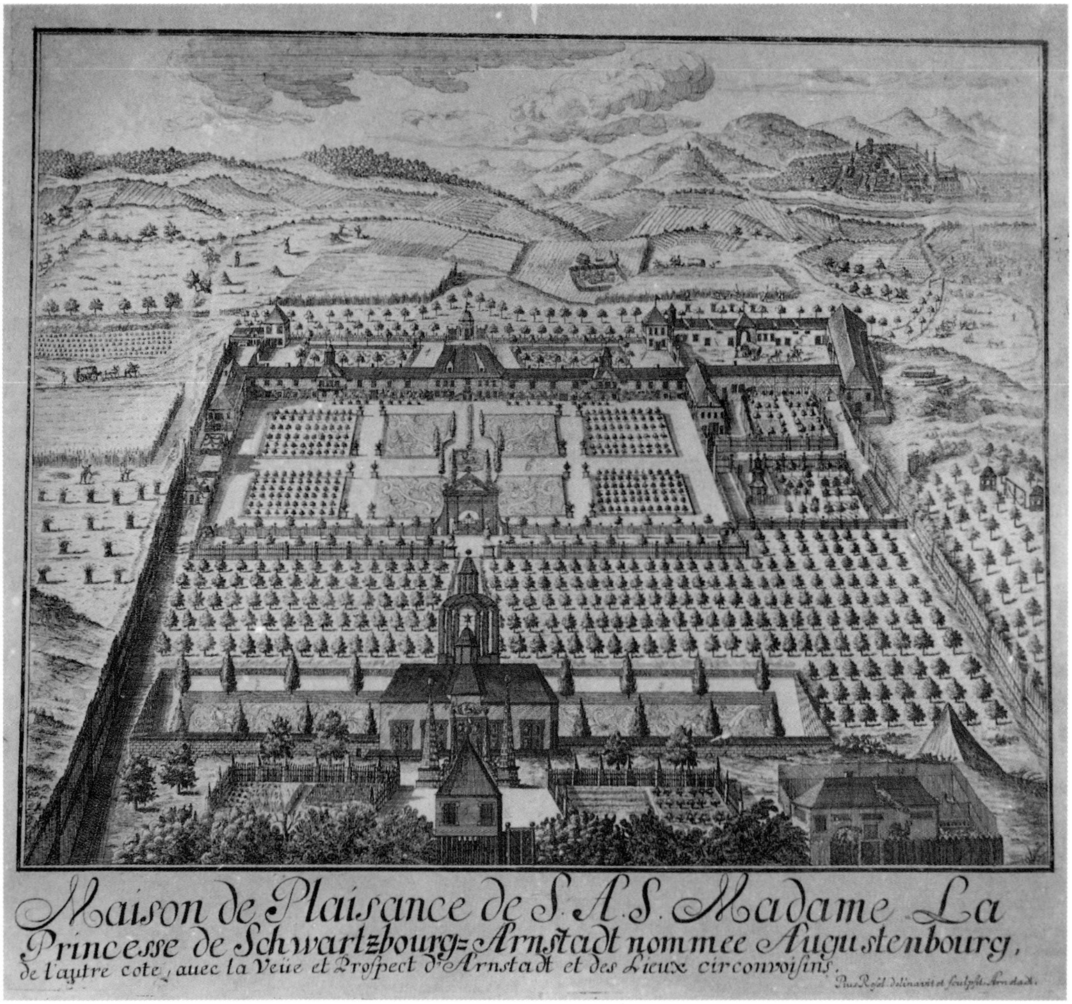

Ansicht der Augustenburg, des Lustschlosses der Fürstin Auguste-Dorothea. Kupferstich, Pius Rösel, 1708 Hier, nahe bei Arnstadt, entstand im wesentlichen die Puppensammlung "Mon plaisir"[1]. 1765 wurde die gesamte Anlage auf Abbruch verkauft.

thea am 11. Juli genannten Jahres - ein Inventar über "Das Augustenburger betitulte mon Plaisir"[37] erstellt wurde. Demnach wurde die Puppensammlung unter 17 Positionen erfaßt, wovon zwei (Nr. 6 und Nr. 13) offenkundig keine Puppenschränke waren. Des weiteren wurde festgestellt, daß die Räumlichkeit, in der die Sammlung untergebracht war, "...aus einer langen Gallerie" bestand, "wovon zur Seiten 4. Fenster in Schloß= / hoff gehen, unten aber 3. Fenster in / hinter Hoff naus gehen, 32. Ellen / 3/4 lang und 5 1/2 Ellen 3. Zoll breit. / Hierinnen befinden sich weiß an, / gestrichene Schränke auf beÿden / Seiten der Gallerie mit Glaß=Thüren / verschloßen / ... Der höchste Schranck ist 5. Ellen hoch, / die anderen niedriger..."[38]

Es waren nicht alle Puppen in Schränken untergebracht; Position 13 beispielsweise beschreibt "... 4. Gallerien mit / gebrochenen Treppen...."[39], wobei auf den Galerien verschiedene Szenen verteilt waren. Nr. 10 ist "... eine catholische Kirche, / nach welcher mancherleÿ geistl. / Persohnen eine Procession halten..."[40]

Noch 1820[41] sowie in einem Verzeichnis von 1840[42] wird die Prozession erwähnt; in späteren Aufstellungen verschwindet sie, wobei einzelne Figuren in anderen Stuben nachweisbar sind. "Mon plaisir" wurde im Inventar von 1751 mit einigen wenigen, sich des weiteren in der genannten Galerie[43] der Augustenburg befindlichen Gegenständen auf insgesamt 606 Reichstaler und 12 Groschen taxiert. Man glaubte wohl, für diesen relativ niedrigen Preis einen Käufer zu finden.

"Mon plaisir" nach dem Tode der Schöpferin

Die Verhandlungen darüber, was nach dem Tode der Auguste Dorothea mit der Augustenburg, seinem Inventar und im besonderen mit der Puppensammlung geschehen sollte, zogen sich bis zum Jahre 1765 hin.[44] Schließlich wurde die Augustenburg am 20. August 1765 auf Abbruch verkauft, womit noch im gleichen Jahre begonnen wurde. Drei Jahre vorher, im Herbst des Jahres 1762, besichtigte der Rechtsgelehrte und Professor Johann Stephan Pütter in Begleitung des herzoglich-gothaischen Hofes die bereits leerstehende Augustenburg, "...wo unter andern... ein sehenswürdiges Puppencabinet in mehreren Zimmer vertheilt zu sehen war".[45]

"Mon plaisir" am 18. 5. 1765 dem Arnstädter Waisenhaus.[48] Auf diese Weise wurden beim Verkauf der Augustenburg am 20. August gleichen Jahres deren Käufer verpflichtet, die Puppensammlung dem Arnstädter Waisenhaus kostenlos zu überlassen.

Obwohl die Fertigstellung des Waisenhausgebäudes erst 1766 erfolgte, muß mit der Überführung des "Mon plaisir" dorthin im Vorjahr begonnen worden sein, da die Augustenburg noch 1765 gänzlich abgebrochen wurde.[49] Außerdem finden sich in den Rechnungen des "Fürstl. Schwarzb. Waisenhauses 1765" unter "Mehr Ausgabe / An Baukosten beÿ dem neuen / Bau" "7 rl 22 gl / Mstr Schaafen vor Versäumnis / beÿ Hirherschaffung des / Mon plaisir von der Augusten / burg und daßelbe wieder / zu

ALBERTINISCHER GARTEN: Die Bezeichnung dieser Puppenstube findet sich am Gehäuse auf einem aufgeklebten Kupferstich "DER ALBERTINISCHE GARTE 1744". Gezeigt wird eine terrassenförmige Anlage des 18. Jahrhunderts im französischen Stil mit gemalter Gartenarchitektur als Hintergrund.

Ein weiterer literarischer Hinweis bezieht sich auf das Jahr 1765, kurz nachdem mit den Abbrucharbeiten auf der Augustenburg begonnen wurde. Das Tagebuch des Arnstädter Kupferschmiedemeistes J. G. Bachstein berichtet vom Lustschloß Augustenburg, daß dort "... auch ein Cabinet dagewesen, welches aus 14[46] mit Glasthüren verwahrten Schränken bestand worinne die vornehmsten Merkwürdigkeiten u. Auftritte des menschlichen Lebens, in kleinen und in migniatur vorgestellt werden. Dieses Cabinett war ... in hiesigen Gegenden damalen unter den Namen des MON PLAISIR bekannt..."[47]

Auf Antrag der Arnstädter Waisenhausdirektorin und durch Intervention deren Vorsitzenden, des Arnstädter Superintendenten Gabriel Christoph Benjamin Mosche, überließ der Herzog von Braunschweig, dem mit der Augustenburg auch deren Inventar einschließlich der Puppensammlung zufiel,

sezen / l. q. /" und "9 rl 22 gl / Vor Tagelohn das Mon plaisir / hirher zu tragen..."[50]

Von 1765 bis 1881 verblieb das "Mon plaisir" im Gebäude des Arnstädter Waisenhauses und wurde zunächst als Bestandteil eines kleinen Raritätenkabinetts neben anderen Kunstgegenständen, Naturalien und Kuriositäten interessierten Besuchern gegen ein geringes Eintrittsgeld gezeigt.[51]

Nachdem die Waisenversorgungskommission, der das Kabinett unterstand, 1850 aufgelöst wurde, ging die Puppensammlung in den Besitz des Fürstlichen Bezirksvorstandes in Arnstadt über.[52] Nachlassendes Besucherinteresse, schlechte Unterbringung und mangelnde Pflege der Sammlung[53] veranlaßten wohl die Fürstin Marie von Schwarzburg-Sondershausen, das "Mon plaisir" Ende 1881 in das "Neue Palais" in Arnstadt überführen zu lassen.[54]

KUNST - UND RARITÄTENKABINETT. Das Bild im Bilde! "Mon plaisir" selbst war Bestandteil der Kunst- und Wunderkammer der Fürstin Auguste Dorothea. Kunstkabinette entstanden seit dem 16. Jahrhundert an deutschen Fürstenhöfen. Meist bezeichnet man mit ihnen ein Zimmer mit Kunstgegenständen, Naturalien oder Kuriositäten. Viele Museen verdanken ihre Existenz solchen Sammlungen, die im 17. und 18. Jahrhundert mehr und mehr spezifische Sammlungssysteme hervorbrachten (Bildergalerien, Skulpturensammlungen, Kupferstich- und Münzkabinette).
Das Kunst- und Raritätenkabinett der "Mon-plaisir"- Sammlung ist die einzige Puppenstube ohne Puppen. Vielleicht ist dies der Grund, warum dieser Raum im 1751 erstellten Inventar der Sammlung keine Erwähnung findet.

Von dort gelangte die Puppensammlung 1892[55] in das Schloß zu Gehren, wo sie noch 1930 in zwei größeren Räumen des zweiten Obergeschosses untergebracht war.[56]

Nach der Revolution von 1918 wurde durch den Landtag des Freistaates Schwarzburg-Sondershausen im "Gesetz, betreffend einer 'Museumsstiftung zu Arnstadt'" vom 22. April 1919 festgelegt, daß das "Mon plaisir" neben einigen anderen Kunstgegenständen im Schloß zu Gehren nach dem Ableben des Fürsten und der Fürstin-Witwe dem Arnstädter Schloßmuseum zufallen sollte.[57] Dementsprechend wurde die Puppensammlung 1930 in das "Neue Palais" , das nunmehrige Schloßmuseum, in Arnstadt überführt[58], wo sie am 24. Mai 1931[59] der Öffentlichkeit zugänglich gemacht wurde. Seitdem ist das "Mon plaisir" Bestandteil der Sammlungen des Arnstädter Schloßmuseums.[60]

Im Laufe der wechselvollen Geschichte dieser Puppensammlung hat es immer wieder kleinere Verluste gegeben, wie bereits Inventaren und Akten des 19. Jahrhunderts zu entnehmen ist.[61] Ergänzungen des 19. Jahrhunderts begann man schon 1932 zu entfernen.[62]

Insgesamt aber ist die Puppensammlung im wesentlichen in ihrem alten Umfang erhalten geblieben. Sie umfaßt heute 391 Figuren und etwa 2670 einzelne Inventargegenstände.[63] Aufbau und Verteilung einzelner Puppenstuben wechselten jedoch seit der Entstehungszeit der Sammlung mehrfach. Bei der Präsentation der Sammlung 1931 wurden schließlich einzelne Puppenhäuser geteilt, zu unterst liegende Puppenstuben auf einen Sockel aufgesetzt und vor-

Die erste Seite eines 1751, kurz nach dem Tode der Fürstin Auguste Dorothea erstellten Inventars der Puppensammlung "Mon plaisir".

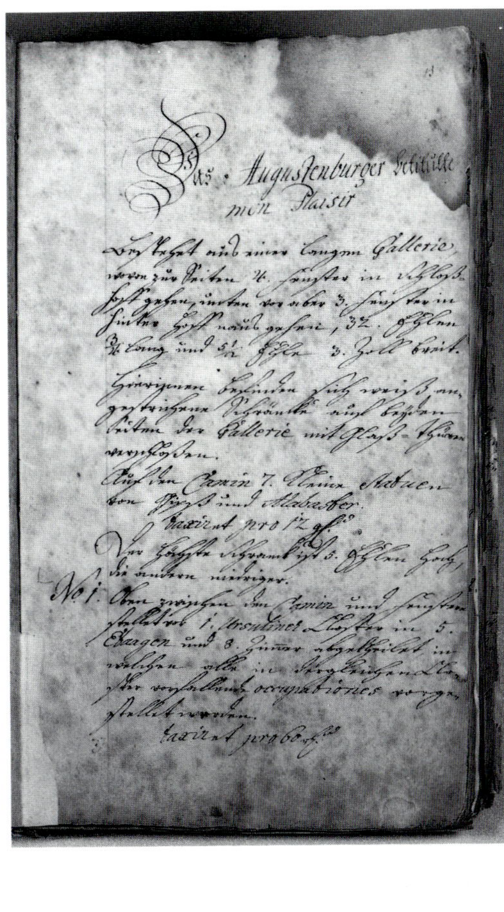

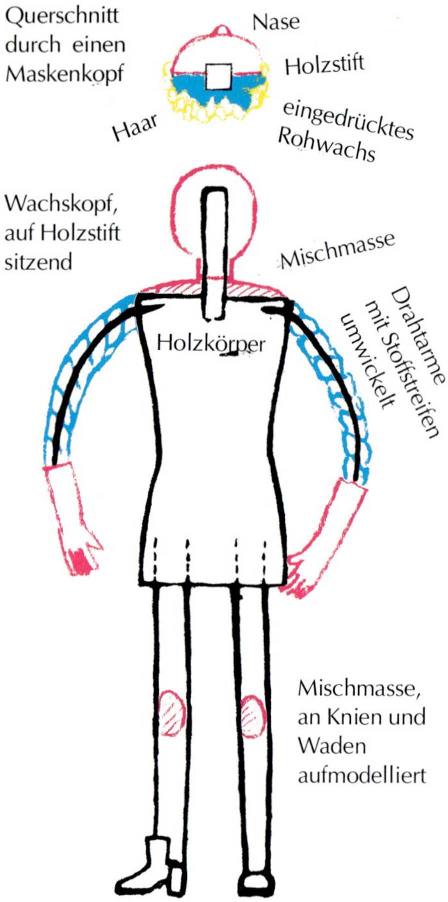

Oben: Körperaufbau der männlichen "Standard-Puppen" aus "Mon plaisir"

Unten: Männliche "Standard-Puppe" , Detail: Unterschenkel, Wade und Schuh

handene Sprossenteilungen der Fenster durch große Glasscheiben ersetzt[64], wodurch jedoch die Aufstellung des "Mon plaisir", die während der Unterbringung im Schlosse Gehren der originalen Situation zuletzt noch am nächsten kam[65], für den Besucher nicht mehr nachvollziehbar ist.

DIE PUPPEN DER SAMMLUNG "MON PLAISIR"

Die Puppen in all ihrer Vielgestaltigkeit sind nicht nur ein lebendiges Element der "Mon plaisir"-Sammlung, sondern sie sind großenteils auch als Einzelstücke bewundernswerte kleine Kunstwerke. Als schlanke, anmutige Gestalten agieren sie in der liebenswürdigen Kleidung des Barock in Stuben, Werkstätten und auch auf öffentlichen Plätzen ihrer kleinen Stadt, wobei ihnen ihre wächsernen Gesichter ein besonders natürliches Aussehen verleihen.

Es mag manchen Betrachter irritieren, daß die Puppen von unterschiedlicher Größe sind und in ihrem Aufbau sowie der Qualität ihres Aussehens stark voneinander abweichen, doch ist zu bedenken, daß die Sammlung während eines Zeitraums von fünf Jahrzehnten entstand. Während dieser Zeit können durchaus Personen mit unterschiedlichen Fertigkeiten, Ideen und Arbeitsmethoden an ihrem Aufbau beteiligt gewesen sein. Auch die jeweilige Finanzlage der Fürstin Auguste Dorothea dürfte hierbei eine Rolle gespielt haben.

Zur besseren Beschreibung werden die Puppen im folgenden in drei Gruppen aufgeteilt. Kriterien der Unterteilung sind vor allem ihre Größe, aber auch ihr Erscheinungsbild, wobei akzeptiert werden muß, daß es Puppen gibt, die der Größe nach der einen, dem Aussehen nach aber einer anderen Gruppe zugeordnet werden müßten. Die Größenangaben sind als Richtwerte zu verstehen, die Übergänge zuweilen fließend.

Zunächst lassen sich alle mittelgroßen, 20 bis 28 cm hohen Puppen als "Standard-Puppen" zusammenfassen. Sie sind es, die dem "Mon plaisir" sein typisches Gepräge geben. Stabil, schlank, schön und stolz, oft mit künstlerisch hervorragenden Gesichtern, sind sie in allen Ausstellungsräumen zu finden. Sie können stehen und sitzen; ihre Arme sind in der Lage, verschiedene Haltungen einzunehmen. Den "Standard-Puppen" im Körperbau ähnlich sind die "Kleinen Puppen", 53 an der Zahl und etwa 15 bis 19 cm hoch. Von wenigen Ausnahmen abgesehen sind ihre Gesichter primitiver gestaltet, ist ihre Kleidung einfacher, als die der "Standard-Puppen". Auch diese "Kleinen Puppen" sind auf verschiedene Puppenstuben verteilt.[1]

32 "Große Puppen" messen 27 bis 35 cm Höhe. Ihre Gesichter sind ebenfalls nicht so kunstvoll gestaltet, wie die der "Standard-Puppen"; auch zeigen viele von ihnen einen fülligeren Körperaufbau. Auf Grund

Katholische Kirche, Detail: Mönche im Chorgestühl (vgl. S. 34)

ihrer Größe befinden sich gewöhnlich nur zwei oder drei dieser Puppen in einer Stube. Auffällig sind die reich geschmückten, mit breiten Borten und Stickereien versehenen Modellkleider der "Großen Puppen", deren Anfertigung bei den kleineren Puppen in dieser Art nicht möglich war.[2]

Zwischen diesen Puppen, die verwandte Merkmale aufweisen und so als Arnstädter Puppen ausgewiesen werden können, fallen drei Gruppen auf, die völlig andersartig und süddeutschen Puppen vergleichbar sind. Es handelt sich hierbei um die großen Komödianten im Theater (vgl. Abb. S. 45), 16 cm hoch, mit holzgeschnitzten Köpfen und Körpern, ähnlich den süddeutschen Presepia[3], die kleinen Musikanten, ebenfalls im Theater, 12 cm hoch, mit Köpfen aus Pappmaché und Holzkörpern, und die Mönche in der Kirche, 15 cm hoch, mit Wachsköpfen und auf den Röcken ihrer Kutten stehend, ähnlich der Bernfeld-Sammlung in Sonneberg, die aus München stammt.[4]

Von diesen Puppen muß angenommen werden, daß sie durch Ankauf in das "Mon plaisir" gelangten.

Oben: Kopf und Oberkörper einer schwarzen Dienerin in der Wochenstube der Mohrenfamilie (vgl. S. 22).

Unten: Sonnenbraunes Gesicht des Rattenfallen-Händlers ("Slowaken") auf dem Jahrmarkt (vgl. S. 18).

Die Puppenkörper

Der Prototyp des männlichen Standard-Körpers setzt sich aus einem hölzernen Rumpfteil und den Beinen zusammen (vgl. Abb. S. 8). Der Oberkörper ist bis kurz unterhalb der Taille, nach dorthin sich verjüngend, ohne Arme aus Holz geschnitzt. Ein in den Rumpf eingelassener Holzstift dient als Hals und Kopfhalterung. Die Beine, gerade Holzstangen, wurden in Beckenhöhe in den Rumpf eingelassen, verjüngen sich nach unten ein wenig und enden als Absätze der Schuhe. Der vordere, mit Leder bezogene Schuhteil wurde hieran angeleimt. Durch an Wade und Knie aufmodellierte Mischmasse[5] wurden die Beine in Form gebracht. Als Armskelett dient ein mit Leinenstreifen umwickelter Draht, der sich in verschiedene Stellungen biegen läßt. Die zumeist aus feinkörniger Mischmasse, aber auch aus Wachs oder Holz bestehenden Hände stecken auf den Enden der Armdrähte. Zu diesen Standard-Körpern existieren - vor allem zur Lösung des Sitzproblems - einige Modifikationen. Neben Gelenken, die angewinkelt verleimt wurden, finden sich auch Holzbeine, deren Hüft- und Kniegelenke aus Draht oder Lederstreifen bestehen. Bei anderen Puppen, stehend oder sitzend, wurde der ganze Oberschenkel durch einen Draht ersetzt, der entweder in Wachswaden, meist aber in Stiefel aus Wachs oder Holz mündet. Die Oberkörper der weiblichen Puppen bestehen gewöhnlich aus einem in femininen Formen gebildeten Rumpfteil, welches kegelförmig schmaler werdend bis unter die Taille reicht und dort, zugebunden, zugenäht oder offen belassen, sichtbar ist.

Dieses Rumpfteil ist genäht, besteht aus Leinen oder Leder und wurde mit Werg, Kapok oder Gräsern ausgestopft. Die erforderliche Stabilität verleiht ihm ein Holzstäbchen, das gleichzeitig den Kopf trägt. In einigen Oberkörpern sind feste Einlagen aus Papier oder Karton ertastbar. Letztere sind besonders dort erforderlich, wo wächserne Dekolletés - die Damen des Hofes trugen der Mode des Barocks entsprechend große Ausschnitte - festen Halt benötigen.

Wie bei den männlichen Puppen dient auch hier ein durch den Körper gesteckter Draht als Armskelett. Gewöhnlich wurde dieser Draht mit Werg und Leinenstreifen umwickelt, oft auch mit Stoff umnäht, so daß sich die Hände bzw. die hohlgegossenen Wachsunterarme gut aufstecken ließen. Bei Nonnen und Mönchen wurden die Hände mit verlängertem Handgelenk in einen textilen Armschlauch gesteckt, der in Höhe des Handgelenks fest zusammengenäht wurde. Die meisten Frauenhände bestehen aus Wachs, selten aus Mischmasse oder Holz.

Da die Röcke der Frauen fast alle bodenlang sind, bot es sich an, sie als Stützen des Oberkörpers zu verwenden. Unterlegtes kräftiges Papier, ebenso in die Taillennaht eingeriehener oder kegelförmig unter den Rock geschobener dünner Karton sorgen für die gewünschte Stabilität; auch wurden Röcke in ihrer ganzen Weite mit Papier unterlegt, das unten in den Saum und oben in die Taille eingenäht wurde.

Modifikationen der Körper

Außer den beschriebenen beiden Standard-Körperformen gibt es viele Modifikationen, die bei weiblichen und männlichen Puppen angewendet wurden.

Einzelne Puppen haben kein stabiles Skelett und können deshalb nur angelehnt stehen. Ihr anscheinend ganz aus Leder bestehender Rumpf, ohne Zwikkel und mit angeschnittenen Beinen, ist mehr oder weniger fest ausgestopft. Er scheint lediglich durch einen Holzstab versteift zu sein, der Kopf sitzt fest auf. Den Beinen wurden weiche, ausgestopfte und mit einer längs unter der Sohle verlaufenden Naht zusammengehaltene Lederschuhe angearbeitet. Bei einigen dieser Puppen wurden die Beine durch einen festen, durch die Schuhe hindurch in einen Holzsockel gesteckten Draht stabilisiert. Andere Puppen dieser Art tragen aus Wachs gegossene Schuhe mit Waden oder auch Stiefel, in deren obere Vertiefung der umwickelte Bein-Draht eingearbeitet wurde. Diese Puppen stehen entweder direkt auf ihren Stiefeln bzw. Schuhen oder auf einem Holzsockel.

Die Puppenköpfe

Besonders anziehend für den Betrachter des "Mon plaisir" sind die Gesichter der Puppen, wobei die wetterbraunen als lebendige, markante Porträts besonders hervorzuheben sind. Bis auf wenige Ausnahmen sind alle Puppenköpfe im Hohlgußverfahren, also mit Hilfe von Negativformen aus Wachs gegossen worden. Dieses Verfahren setzt das vorherige Modellieren der Objekte voraus, was offensichtlich mit hoher künstlerischer Meisterschaft geschah.

Unterlagen über die Herstellung der Köpfe existieren nicht. Alte Rezepte berichten über Zusätze von Terpentin, Harzen, Schweinefett, Zinnober oder Mennige, die dem Bienenwachs die gewünschte Konsistenz und Farbe verliehen. Die Farbskala reicht hierbei von Weiß über Elfenbein, Rosé und Fleischfarben bis zum kräftigen Sonnenbraun.

Die Stärke der Wachsschicht, die bisher nur bei stark beschädigten Puppen gemessen werden konnte, beträgt bei den "Standard-Puppen" 0,8 bis 1,5 mm, bei den größeren Puppen 1,5 bis 2,5 mm. Exakt übereinstimmende Gesichtsformen diverser Puppen lassen erkennen, daß einige Gußformen mehrmals verwendet wurden; zum Teil bis zu 15 mal. Doch erfreuen uns unter den Köpfen auch viele Unikate, wie z. B. die

Oben: Oberkörper der Fürstin (aus Puppenstube "Audienz", vgl. Abb. S. 43). Bei dem Körper der Fürstin handelt es sich um den für "Mon plaisir" außergewöhnlichen Fall einer Holzgliederpuppe, woraus sich sowohl ihre steife Haltung als auch die Möglichkeit erklärt, ihre Beine in kostbaren Brokatschuhen enden zu lassen.

Unten: Fürstin aus Puppenstube "Audienz", Detail: Neben den Brokatschuhen unterstreicht das Äffchen die repräsentative Erscheinung der Fürstin.

beiden schwarzen Dienerinnen in der Wochenstube der Mohrenfamilie (vgl. Abb. S. 10), der "Wunderdoktor" auf dem Markt, Mönch und Sänger in der Schankstube (vgl. Abb. S. 13) oder die Fürstin bei der Audienz (vgl. Abb. S. 11). Ihre Gesichter sind ausnahmslos besonders ausdrucksvoll modelliert und könnten Porträts damaliger Hofangehöriger sein. Die Köpfe wurden mit dem Hals gegossen, so daß sie stabil auf den Holzzapfen des Corpus gesetzt werden konnten.

Außer den vollständigen Köpfen existieren ca. 80 Gesichtsmasken, oft mit angegossener vorderer Halspartie. Letzteren dient ungebleichte, teilweise in die Maske hineingedrückte Wachsmasse als Hinterkopf und Stabilisator.

Die Trennlinie zwischen Kopf und Corpus wird bei fast allen männlichen Puppen von der obligatorischen Halsbinde überdeckt. Im Gegensatz zu den Frauen der niederen Gesellschaftschicht mit hochgeschlossenen Spenzern und Hemden, die die Ansatzstelle des Wachskopfes zum Textilkörper verdecken, tragen die höher gestellten Damen ein Dekolleté. Bei ihnen mußte dafür Sorge getragen werden, daß der Hals genügend lang gegossen und mit einem mehr oder weniger großen Brust- und Nackenansatz versehen wurde. Dieser Brustansatz wurde dem Stoffbalg des Oberkörpers genau angepaßt und - wie bei einigen Puppen zu beobachten - angeschmolzen. Der Halsausschnitt der Kleider ist gewöhnlich gleichzeitig der Übergang von der Textil- bzw. Leder- zur Wachsschicht und meist mit einer Spitzenrüsche besetzt, die die Modellierspuren kaschiert.

Verschiedenen Puppen verleihen gläserne Augen ihr besonderes Aussehen. Diese sind entweder in Form kleiner schwarzer Kugeln zwischen die Lider gedrückt - so bei vielen der kleineren Puppen -, als Augapfel mit Iris und Pupille von außen eingarbeitet und verschmolzen - bei den sogenannten "Großen Puppen" - oder von innen in die ausgesparten Augenhöhlen eingesetzt - wie bei den Maskenköpfen der "Standard-Gruppe". Die Bemalung der Puppenköpfe wurde mit Ölfarben oder gefärbtem Wachs auf ganz unterschiedliche Weise an Augen, Brauen, Mund, auch Lidrändern, Nase und Zähnen ausgeführt. Mitunter wurde Farbpulver auf die Wangen gerieben. Manche Augen wurden säuberlich mit Augapfel, Iris und Pupille gemalt, andere eher flüchtig, nur als schwarze Punkte (vgl. Abb. S. 10).

Fast alle Köpfe wurden mit Haar geschmückt, wenngleich unter vielen Hauben davon nur noch Rudimente erhalten sind. Meist verwendete man feine Schaf- oder Ziegenwolle, seltener Menschenhaar oder Flachs. Braunes oder graues Haar ist im bürgerlichen Bereich zu finden, weißes in der höfischen Gesellschaft. Gewöhnlich wurde das Haar in Rillen eingeschmolzen über den ganzen Kopf verteilt und oft zu künstlichen Frisuren geordnet.

Die Bekleidung der Puppen

In der Bekleidung der männlichen wie auch der weiblichen Puppen spiegelt sich die Mode der ersten Hälfte des 18. Jahrhunderts wider. Offenbar wurde stets auf die Anfertigung zeitgemäßer Mode geachtet, denn viele kleine Veränderungen, die vor allem die prächtige Kleidung der Hofgesellschaft in den 50 Jahren ihres Entstehens erfuhr, sind sowohl bei der Herren- als auch der Damenbekleidung wahrzunehmen. Die Roben der Hofdamen wurden aus kostbarer zarter Seide, Rips, Satin, Taft und Brokat gefertigt, offenkundig aus den gleichen Stoffen, die die lebenden Vorbilder trugen, denn kein Modell gleicht einem anderen vollständig. Die Herren tragen feine bis feste Tuche und Hemden aus Leinen oder Baumwolle bis hin zum feinsten Batist und Mull. Markantes Merkmal für die Mode der Hofdamen ist die enge, verzierte Obertaille mit breitem, ovalem Ausschnitt und langem oder Dreiviertel-Ärmel mit Falbel. Der weite, geriehene Rock ist gewöhnlich in der Taille am Corpus festgenäht. Taille und Rock wurden auf vielfache Weise mit Spitzen, Borten und Stickereien geschmückt. Vereinzelt treten weite, lose herabfallende Kontuschen und Manteaux auf. Die obligatorischen Hauben entwickelten sich hier zu winzigen, zarten, oft mit Bändern verzierten Spitzengebilden. Unter einigen Röcken schauen Schuhe aus Brokat hervor.

Die Frauen des bürgerlichen Milieus tragen ebenfalls enge Mieder, darunter oft weiße Blusen und einen andersfarbigen, mäßig weiten und langen Rock, dem eine Halbschürze vorgebunden ist. Ein Fichu[6] und eine den ganzen Kopf bedeckende Stoffhaube ergänzen die Kleidung, wobei Haube und Halsausschnitt von schmalen Spitzen verziert werden. Bei den Trachtengruppen aus dem Altenburger Raum dominiert die schwarze Farbe, belebt durch Rot und Grün. Weiße Blusen unter engem, geschnürten Mieder und dreiviertellange Faltenröcke sind typisch, bei Männern die sogenannten Hosenheben.[7]

Die Herren am Hofe tragen über engen, knielangen Tuchhosen einen gleichfarbigen Rock (Justaucorps) mit einer etwas kürzeren, andersfarbigen, oft kostbaren Weste, die auch aus Seide gefertigt sein kann, darunter ein Hemd aus feiner Baumwolle mit weißer oder schwarzer Halsbinde. Unter den Ärmeln schauen Spitzenmanschetten oder Bündchen hervor. Standesgemäß wurde die Kleidung oft überreich mit Borten und Tressen geschmückt.

Die Männer niederer Gesellschaftsschichten tragen Hosen aus Tuch oder groberem Wollstoff, dazu lange Röcke, meist ohne Westen über einem Leinenhemd; einige sind in weiße Leinenkittel gekleidet. Als Kopfbedeckung dienen bei allen Männern Dreispitz oder Schlapphut.

Viele Puppengesichter aus "Mon plaisir" kehren mehrmals wieder. Mönch und Sänger in der "Schankstube" jedoch sind Beispiele dafür, daß es auch Unikate unter den Puppenköpfen gibt.

Die Strümpfe der männlichen Puppen sind in der Regel aus feinem Baumwoll- oder Seidengewirk zugeschnitten und haben an der Wade eine Naht. Außer diesen existieren ca. 40 Paar handgestrickte Strümpfe aus feinem Woll- oder Baumwollgarn. Alle Strümpfe, besser Stumpen, reichen vom oberen Schuh- bis zum unteren Hosenabschluß. Die hohen schwarzen Lederschuhe sind mit Bändern oder Schnallen geschlossen.

Obwohl viele der Puppen des "Mon plaisir" durch Umlagerungen, Schlag und Fall beschädigt wurden und in ihrer wechselvollen, beinahe 300jährigen Geschichte durch Staub- und Lichteinwirkungen, auch durch Mottenfraß, einen Teil ihrer Schönheit und Leuchtkraft verloren haben, ist es immer wieder ein ästhetisches und das Wissen über vergangene Tage bereicherndes Erlebnis, sie zu betrachten.

Gelehrter (sog. "Wunderdoktor") aus Puppenstube "Jahrmarkt". Das Gesicht des sogenannten "Wunderdoktors" zählt zu den Unikaten innerhalb der "Mon plaisir"-Sammlung. Des weiteren ist dies die einzige Puppe, die eine Brille trägt. Mut zur Mode und Extravaganz bezeugt die Kleidung des "Wunderdoktors" - mit seinem außergewöhnlichen grünseidenen Faltenröckchen und dem langen, hölzernen Stab mit silbernem Knauf hat sein Auftreten auf dem" Jahrmarkt" sicher für Aufsehen gesorgt.

Der Schreiner arbeitet in einem einfachen, weiß gestrichenen Raum. Detailgetreu werden die verschiedensten zeitgenössischen Werkzeuge und in Arbeit befindlichen Gegenstände gezeigt, so z. B. Örtersäge, Löffelborer, Bohrwinde, Winkelschiene, Streichmaß und viele kleine Stich- und Stemmeisen am Werkzeugbrett hinter der großen Hobelbank.

Die Drechslerei ist ein ebenso einfacher, weiß gestrichener Raum, wobei in diesem Gewerbe der Verdienst offenbar nicht ausreichte, um Werkstatt und Schlafraum voneinander zu trennen. Der Drechsler sitzt an einem Wippdrehstuhl mit Fiedelbogenantrieb, währenddessen die Drechslersfrau die fertige Ware auf dem Tisch prüft.

Das Inventar von 1751 bezeichnet diesen Raum als Stube eines Leinewebers. Tatsächlich befinden sich darin der allgemein übliche Webstuhl und Stoffballen aus grobem Leinen; der Handwerker links im Bilde jedoch arbeitet an einem Strumpfwirkerstuhl.[2]

Neben Ansichten zeitgenössischer Innenräume bietet "Mon plaisir" auch einige Szenen, die sich "unter freiem Himmel" abspielen. In diesem Falle werden dem Betrachter Einblicke in das Festtagsleben der damaligen Landbevölkerung gewährt. Bei den Dudelsackbläsern im Hintergrund handelt es sich um wandernde Spielleute, währenddessen der Bärenführer im Vordergrund unabhängig von diesen auftritt.

Die Puppenstube ist durch Torbögen mit dem benachbarten "Pferdestall" und der "Altenburger Bauernhochzeit" verbunden.

Neben dem Verkaufsstand des Wachsziehers zieht der Scherenschleifer in grauem Rock, roter geschlossener Leibweste und weißer Lederschürze den Blick des Betrachters auf sich. Links, im blauen Rock, hält der Rattenfallenhändler ("Slowake") seine Produkte feil, währenddessen die Ölhändlerin in Altenburger Tracht üblicherweise frisch gepreßtes Leinöl in den Ölkannen des Rückentragekorbes aufbewahrt.

Die zwei größten Stuben der Puppensammlung zeigen Jahrmarktszenen. Solche Ereignisse zählten zu den Höhepunkten im Leben der Stadtbevölkerung und zogen von nah und fern ein bunt gemischtes Publikum an (siehe auch S. 10).

Ein reisender Händler hat seinen Verkaufsstand in Form eines Bauchladens auf einem kleinen Schragentisch eröffnet. Neben Essenzen beinhaltet sein Angebot auch Kämme, Spiegel, diverse Stoffe, einen Degenknauf u.a.m.

Der Possenreißer in grauer und blaugrüner Schoßjacke und roter, geschlossener Leibweste begleitet als Ausrufer die Vorstellung der Schauspielgruppe.

Neben dem Stand des Zinn- und Blechwarenhändlers hat sich eine kleine Schauspielgruppe etabliert. Die kleinen Komödianten stellen innerhalb der "Mon plaisir"-Sammlung eine Sonderform dar (siehe Abschnitt "Die Puppen der Sammlung 'Mon plaisir'", S. 8-13).

In der Bäckerei ist die Backstube gleichzeitig Verkaufsraum. Die verschiedenen Brote, Brezeln, Zöpfe und ähnliches sind echtes Backwerk; die lange Haltbarkeit resultiert aus der Verwendung von Salzteig. Eine Tür verbindet die "Bäckerei" mit der thematisch zugehörigen Szene "Mehlanfuhr".

Der Verkaufsstand der "Schlächterei" befindet sich im Freien. Der Metzger und sein Gehilfe sind gerade bei der Arbeit, währenddessen ein Kunde hinzutritt.

Die Szene zwischen Fleischersfrau und Bettlerin ist ein anschauliches Beispiel dafür, wie mit "Mon plaisir" auch ein Stück Sozialgeschichte erlebbar gemacht wird.

Alles Exotische übte eine besondere Anziehungskraft auf absolutistische Fürstenhöfe aus. Ein "Hofmohr", gegebenenfalls mit seiner Familie, war oft obligater Bestandteil des Hofstaates (vgl. S. 10).

Das Monogramm "AD" unter der Fürstenkrone auf dem Apothekerschrank hat wohl dazu geführt, daß diese Puppenstube zuweilen auch als "Hofapotheke" bezeichnet wird.

Vor dem Verkaufstisch wartet ein Bauersmann auf die Zubereitung der Arznei. Dahinter wiegt der Apotheker die Zutaten, währenddessen sein Gehilfe an einer großen Reibschale hantiert. Auf den vielen Apothekentöpfen, Flaschen, Glasgefäßen und Schubfächern zeigen Schilder den einstigen Inhalt an, wie "Rosen-Zucker", "Pommeranzen-Rosolis", "Melissen-Wasser", "Sood-Pulver" u. ä. Von einigen Elixieren und Substanzen sind noch Reste, teilweise in Form eines getrockneten Bodenbelages, erhalten.

In Deutschland wurde zwischen den größeren Städten erst Ende des 18. Jahrhunderts ein durchgehender Reiseverkehr eingeführt[3]. Bis dahin war die Errichtung von Haltepunkten notwendig, an denen die Passagiere ein-, um- bzw. zustiegen und die Pferde gewechselt wurden. Solche Einrichtungen dienten gleichzeitig als Poststationen, wie dieses "kaÿserl. Post-Hauß"[A].

Nicht nur Puppen, sondern auch verschiedene Tiere wurden in "Mon plaisir" nachgebildet. Zur realistischen Darstellung einer Poststation gehörten Pferde, deren Proportionen den Schöpfern offensichtlich Schwierigkeiten bereiteten. Eine Vielzahl der Tiere der Sammlung, so z. B. die Pferde der Poststation, wurden mit den jeweils eigenen Fellen bezogen.

Beschließerin und Magd sind in der fürstlichen Wäschekammer beschäftigt. Verschiedene Ausstattungsgegenstände und diverses Hausgerät - Wäschepressen, Wäscheplätten, Bolzenbügeleisen - bieten einen anschaulichen Einblick in die Hauswirtschaft vor 250 Jahren.

Etliche der kleinen zusammengelegten Wäschestücke sind mit gestickten Monogrammen der Fürstin unter einer Krone versehen.

Die Werkstatt des Schneiders ist ein einfacher, weiß gestrichener Raum mit einer Verbindungstür zur rückwärtigen Schlafkammer. Die Wände des Vorraums sind mit mehreren Kupferstichen versehen. Der Schneider arbeitet sitzend in einem halbkreisförmigen Loch der Tischplatte, der sogenannten "Höll".[5]

Zu seinem Werkzeug zählen u. a. Ärmelplätte mit Einsatzbolzen, der auf einem neben dem Tisch stehenden Gluttopf erhitzt werden konnte, ein massives Bügeleisen, Fingerhut, Schere, Elle u. a. m.

Die Stube des Friseurs ist mit einer Seidenbespannung, die mit ausgeschnittenen kolorierten Kupferstichen beklebt wurde, ausgestattet. In den weiß gestrichenen Eckkamin ist ein Spiegel eingelassen.

Die Szene spielt offenkundig bei Hofe; so ist links ein Diener zu sehen, der ein Barbierbecken aus Fayence und ein Handtuch für den hohen Herrn im Lehnstuhl bereit hält.

Neben Schere, Elfenbeinkamm und anderen Utensilien ist in der Puppenstube ein Löffel zu finden. In den Mund gesteckt und somit die Wangenhaut älterer Herrn spannend erleichterte er das Rasieren.

Aufgabe des Küchenschreibers war es, Lebensmittel für die Hofküche zu beschaffen - dies ist der Grund des Erscheinens zweier Bäuerinnen und eines Schäfers - und die entsprechende Lagerhaltung zu betreiben.

Der große Vorratsschrank für Lebensmittel im Hintergrund beinhaltet fünfzehn Schubkästen, die zumeist tatsächlich enthalten, was auf der Beschriftung zu lesen ist ("Hagebutten", "Truckne Quetschen", "Buchwayzen", "Große Graupen" u. a. m.).

Die Anordnung der verschiedenen Gerätschaften einer barocken Hofküche trägt zweifellos auch dekorativen Charakter. Selbst ein großes Kaminbild - eine Familienszene in holländischer Art - durfte nicht fehlen.

Wollte man die an den Borden hochhängenden Gegenstände erreichen, mußte man eine lange Gabel benutzen. Die verschiedenen Tellerchen, Schüsseln, Kannen usw. bestehen aus unterschiedlichem Material: Holz, Kupfer, Messing, Gelbguß, Zinn, Weißblech, Eisen, Fayence, Chinaporzellan, Hafnerware...

Ein Ausguß neben der Tür korrespondiert mit einem an der Außenwand der Puppenstube befindlichen Zufluß (von anderen Puppenhäusern ist bekannt, daß an dieser Stelle funktionierende Wasserbehälter angebracht wurden).
Die blauen Fliesen im unteren Teil der Küche sind gemalte Imitate.

Das höfische Umfeld der Fürstin wird auch durch Szenen des Bedienten-Milieus dokumentiert (Hofküche, Küchenschreiber, Wäschekammer u. a. m.).

Hier richten zwei Kammermädchen[6] das Baldachin-Prunkbett der Fürstin. Die große Bettpfanne im Vordergrund diente, nachdem sie mit Kohlenglut erhitzt wurde, dem Anwärmen des Bettes.

Die prachtvolle Ausstattung dieser Puppenstube wird bereits im Inventar von 1751 hervorgehoben:

"...eine kost, / bare Wochen= Stube, wo die Da- / me Besuch vor den wohlgeputzt, / ten Bette empfängt, die Am, / me, und Wärterin das Ihrige be, / sorgen.

Das Zimmer ist mit / Tableaux en miniatir und Spiegeln / ausge- putzt. / "[7]

Der hintere Teil der Stube ist durch Bögen in eine Bettnische sowie in eine linke und rechte Seitennische abgetrennt.

Bemerkenswert ist die Verwendung verschiedenartiger Tapete in den Nischen: mit ausgeschnittenen kolorierten Kupferstichen beklebte gelbe und graue Seidendamastbespannung sowie blaue Ripsbespannung.

Seit Beginn des 18. Jahrhunderts sind engere Beziehungen der Auguste Dorothea zum Erfurter Ursulinenkloster - in welchem sie 1751 auch bestattet wurde - nachweisbar. 1715 konvertierte die Fürstin zum Katholizismus. Vor diesem Hintergrund wird verständlich, warum in "Mon plaisir" mehrere Klosterszenen und ein katholischer Gottesdienst breiten Raum einnehmen, obwohl Schwarzburg-Sondershausen und Arnstadt als größter Ort des Fürstentums[8] seit 1533 protestantisches Gebiet waren (vgl. S. 9).

Ursulinerin in der Betzelle

In der reich ausgestatteten Barockkirche[9] wird gerade eine Messe, an der Mönche in verschiedenen Ordenstrachten teilnehmen, zelebriert.

Ursprünglich waren in "Mon plaisir" nicht alle Puppen in Stuben untergebracht. So gehörte zur Szene "Katholische Kirche" ehedem eine Prozession, die 1751, 1820 und sogar noch 1840 erwähnt wird.[10]

In der Klosterschule der Ursulinen werden Bürgermädchen in verschiedenen Handarbeiten unterwiesen. Viele der kleinen Vorrichtungen - Klöppelkissen, Spinnrad, Weife (Garnhaspel) u. a. - sind funktionstüchtig.

Eine blaue Ripsbespannung mit eingewebten weißen Streifen und Blütenranken sowie eine kostbare Möblierung, die bereits im Inventar von 1751 besondere Erwähnung findet, lassen die Puppenstube als repräsentatives höfisches Gemach erscheinen. Der liegende Mops im Vordergrund ist eines der wenigen Beispiele dafür, daß auch Tiere in der "Mon plaisir"-Sammlung aus Wachs gefertigt wurden (vgl. S. 8).

Die höfische Damengesellschaft hat sich zur Teestunde in einem prachtvollen Raum mit gemalter Wand- und Deckenarchitektur eingefunden. Das Gemälde im Spiegel der Decke zeigt ein "Himmlisches Konzert".

Im Spielzimmer befinden sich ein Herr im Hausrock und eine Dame in gelbseidenem, farbig gestreiftem Kleid.
Das Brettspiel auf dem Tisch ist aufklappbar; außen ist es oben mit einem Mühle-, unten mit einem Damebrett versehen, im Inneren befindet sich ein Puff- oder Tricktrackspiel.

Die Puppenstube wurde wegen der farbig gemalten Tapete mit Hirsch- und Bärenjagd zuweilen auch als "Jagdzimmer" bezeichnet. Die Hefte der Instrumentalisten und das Blatt der Sängerin sind mit Noten bzw. sogar Text beschrieben.

Außergewöhnlich ist das Instrument rechts im Vordergrund. Es handelt sich um ein sogenanntes "Nürnberger Geigenwerk", um 1575 von Hans Haiden d. Ä. in Nürnberg erfunden. An einem sonst wie ein Cembalo gebauten Instrument treibt ein von beiden Füßen getretenes Pedal ein großes Schwungrad, dessen Bewegung sich im Original auf mehrere kleine, pergamentbezogene, kolophonierte Räder überträgt und die Saiten in Schwingung bringt.[11]

Etwa ein Drittel aller Puppenstuben beschreibt das höfische Umfeld der Schöpferin des "Mon plaisir", Auguste Dorothea. In einem "mit grünen Mohr ausgeschlagenen"[12] Zimmer sitzen zwei Damen vor einem prächtigen Fayencekamin, der den Blick des Betrachters auf sich zieht.

Der mit für die Zeit typischem Laub- und Bandelwerk und einem ovalen Medaillon - gezeigt wird eine figürliche Chinesenszene in einer Landschaft - versehene Kamin stammt aus der Fayencemanufaktur Dorotheenthal.[13]

Das Musikinstrument links ist eine Spitzharfe (Harfenett), eine aufrecht stehende Zither.

In der kleinsten Stube der gesamten Puppensammlung sitzt ein "... mediti- / render Philosophe mit seiner / Bibliothec und verschiedenen mathema- / tischen und anathomischen Dingen."[14]

Einige der Bücher - auch in anderen Puppenstuben - sind gedruckte Miniaturausgaben, wobei neben Kalendern, Gebetbüchern und einem Almanach auch die "Heilige Erinnerungen Groser Begierden und Warheiten ..." aus dem Jahre 1721 zu finden sind.[15]

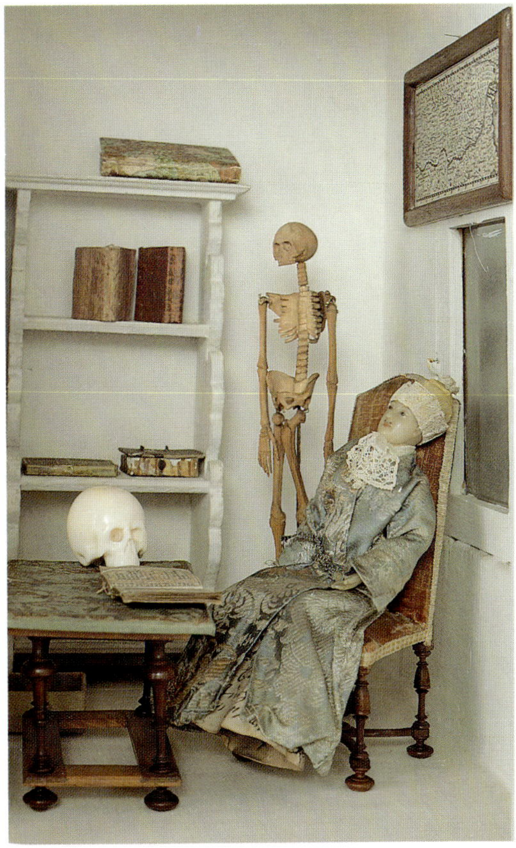

Porzellankabinette waren integraler Bestandteil der Planung von Schloßbauten des 18. Jahrhunderts. Das Ausstellungsschema entwickelte sich aus den Silberbüffets des späten 17. Jahrhunderts. Auch das Lustschloß Augustenburg der Fürstin Auguste Dorothea beherbergte einen solchen repräsentativen Raum.

Die Porzellane en miniature sind nach Form und Dekor überwiegend chinesischer, in einigen Fällen auch japanischer Herkunft, z. T. stammt die Bemalung von europäischer Hand.[16]
Im "Neuen Palais" zu Arnstadt, dessen Schloßmuseum die Sammlung "Mon plaisir" präsentiert, befindet sich ein entsprechendes "original großes" Pendant.

Das Thronzimmer korrespondiert durch eine Tür mit der benachbarten Puppenstube "Visite".

Der vortragende Rat erscheint vor der im Thronsessel mit Baldachin sitzenden Fürstin, die ein kleines Äffchen an der Kette hält (vgl. Abb. S. 11).

Der Raum ist mit einer Tapete aus japanischen Farbholzschnitten, die auf eine Stoffbespannung geklebt wurden, ausgestattet.

Saal mit großem Unterhaltungs- und Tanzabend

Während des "großen Unterhaltungs- und Tanzabends" bestimmt streng die Hofetikette das Verhalten der Gastgeber und Gäste, wobei die Szene 1751 wie folgt beschrieben wurde: " ... ein großer mit / rothen Stoff beschlagener / Saal mit einen Spiegel-Camin / Kronen Leuchtern und Spie, / gel=Wand Leuchtern, worin, / nen 2. paar Personen Menu- / et tantzen, 7. Persohnen aber / sich in discourse unterhalten".[17]

Der Auftritt eines Wandertheaters auf einer Hofbühne in der ersten Hälfte des 18. Jahrhunderts stellt eine Besonderheit dar.

Noch zu Beginn des 18. Jahrhunderts waren die Hoftheater allein der Hofgesellschaft vorbehalten; das Repertoire umfaßte zunächst Opern und Singballette, jedoch keine durch eine wandernde Theatergruppe vorgetragenen Schauspiele.[18]

Anmerkungen
zum Abschnitt "'Mon plaisir' - Geschichte der Puppensammlung" (Matthias Klein)

1 Docke (von tocka): das alte deutsche Wort für Puppe. Es bezeichnet walzenförmige oder balusterförmig gedrechselte Holzstücke (z. B. "Dockengalerie" - Holzgeländer mit balusterförmigen Stützen); ebenso wurden einfache Puppen hergestellt.
2 u. a. Bayer, S. 8
3 "Traumwelt....", S. 290
4 vermutlich 1674, siehe u. a. Bayer, S. 8
5 u. a. "Traumwelt....", S. 292. Der Holzschnitt befindet sich im Besitz des Germanischen Nationalmuseums, Nürnberg.
6 Stetten, Paul von, "Vorstellungen aus der Geschichte der Reichsstadt Augsburg", Augsburg 1765, S. 163, in: Müller, S. 2.
7 Staatsarchiv Rudolstadt, Reg. Arnstadt, Nr. 5, Bl. 2
8 Staatsarchiv Rudolstadt, Kanzlei Arnstadt, Nr. 1271, Bl. 1-2
9 Wiegand, Alt-Arnstadt, 12. Heft, S. 49; Leber, S. 14
10 Gregorius ("Melissantes"), S. 183f.
11 "Summarischer Begriff...", S. 27
12 Staatsarchiv Rudolstadt, Kammer Arnstadt, Nr. 218, Bl. 1
13 Staatsarchiv Rudolstadt, Kammer Arnstadt, Nr. 225, Bl. 1, Bl. 1RS
14 Staatsarchiv Rudolstadt, Kammer Arnstadt, Nr. 224, Bl. 1, Bl. 1RS
15 Staatsarchiv Rudolstadt, Kanzlei Sondershausen, Nr. 504, Bl. 6
16 Staatsarchiv Rudolstadt, Reg. Arnstadt, Nr. 7, Bl. 1
17 Staatsarchiv Rudolstadt, Kanzlei Sondershausen, Nr. 504, Bl. 132, Bl. 132 RS
18 "Geschichte des Erfurter Ursulinenklosters", S. 65f.
19 "Geschichte der Zurückkehr...", S. 35ff.
20 Staatsarchiv Rudolstadt, Reg. Arnstadt, Nr. 5, Bl. 10, Bl. 10RS
21 Beyer, S. 27f.
22 Staatsarchiv Rudolstadt, Geh. Consilium Sondershausen, Nr. 227, Nr. 228, Nr. 229
23 "Summarischer Begriff..."
24 Staatsarchiv Rudolstadt, Kammerverwaltung Arnstadt, Nr. 935
25 Leber, S. 15f.
26 Niedersächsisches Staatsarchiv Wolfenbüttel, 1 Alt 24, Nr. 238, Bl. 59/60-63
27 Staatsarchiv Rudolstadt, Kanzlei Sondershausen, Nr. 504, Bl. 54
28 Roselt, "Inventar...", S. 332
29 dito, S. 331; die Fabrikmarke "AB" leitet sich vom Namen der Augustenburg ab; an Künstlersignaturen: "Al" für Johann Christoph Alex, der von 1718 bis 1736 in Dorotheenthal nachweisbar ist, "f" für einen Angehörigen der Malerfamilie Frantz, möglicherweise Johann Theobald, von 1716 bis 1725 in der Manufaktur nachweisbar, Blaumarke "H" evtl. für Heinrich Hegelmann oder Johann Erhard Herbst
30 Roselt, "Dorotheentaler Fayencen", S. 108f.
31 Bräutigam, S. 81f.
32 erster literarischer Hinweis in: "Curiositäten...", S. 428
33 dito, S. 428
34 dito
35 verstreute Hinweise in: Akten der Museumsstiftung Arnstadt, Text: "P. Benedikt Sauer ... war von 1717-1727 und 1729-1733 in Arnstadt... Das Totenbuch der Franziskaner meldet über ihn: 'Am 4. November 1734 starb zu Braunschweig der erste Präses P. Benedikt Sauer aus Wewelsburg (1673 geboren, 1691 gekleidet), sehr verdient um die Franziskanermissionen in Braunschweig und Wolfenbüttel'. Als sein Nachfolger traf am 26. Februar 1734 P. Antonius Einhorn... aus dem Kloster Braunschweig in Arnstadt ein. Über ihn sagt das Totenbuch der Franziskaner: 'Am 5. November 1766 starb in Münster der Jubilar P. Antonius Einhorn aus Paderborn (geboren 1694, gekleidet 1714), ehemals Hofprediger zu Augustenburg in Thüringen und Missionar in Braunschweig.'" Pater Antonius Einhorn findet des weiteren Erwähnung in der Schuldenliste der Auguste Dorothea als "Hoff Prediger", unter Punkt 4.) in: Niedersächsisches Staatsarchiv Wolfenbüttel, 1 Alt 24, Nr. 238, Bl 59/60-63
36 Roselt, "Inventar...", S. 330; Leber, S. 18. Es finden sich Signaturen Einhorns auf einer Gipsplakette mit dem Porträt der Auguste Dorothea, rückseitig bezeichnet "P. Einhorn fecit 1751" und dem Gipsabdruck einer Medaille mit einer Reliefdarstellung der Geburt Christi, rückseitig bezeichnet "P. Einhorn fecit 1736"; die ovale Plakette mit dem Porträt der Auguste Dorothea existiert ein weiteres Mal in rotem Wachs; alle Objekte in der Puppenstube "Kunst- und Raritätenkabinett"
37 Stadtarchiv Arnstadt, Nr. 331-01-1, Bl. 12ff.
38 dito, Bl. 13
39 dito, Bl. 18RS
40 dito, Bl. 16
41 "Curiositäten...", S. 429
42 Stadtarchiv Arnstadt, Nr. 331-01-2, Bl. 9RS
43 Stadtarchiv Arnstadt, Nr. 331-01-1, Bl. 13
44 umfangreichere Darstellungen in: Wiegand, Alt-Arnstadt, 12. Heft, S. 49f. ders., Alt-Arnstadt, 9. Heft, S. 35, ders., "Die Puppensammlung 'Monplaisir' im Besitz des braunschweigischen Herzoghauses". Leber, S. 75f; Reineck, "Die Augustenburg..."
45 "... Pütters Selbstbiographie", S. 396
46 die Anzahl von 14 Schränken erscheint unverständlich; aus dem Inventar von 1751 lassen sich 15 Schränke rekapitulieren
47 Wiegand, Alt-Arnstadt, 11. Heft, S. 31
48 ders., Alt-Arnstadt, 9. Heft, S. 35, ders., "Die Puppensammlung 'Monplaisir' im Besitz des braunschweigischen Herzoghauses." Leber, S. 76
49 Wiegand, Alt-Arnstadt, 11. Heft, S. 31
50 Stadtarchiv Arnstadt, Nr. 932/40, Bl. 43
51 "Curiositäten...", S. 428. Das Waisenhaus wurde nach 1819 aufgelöst.
52 Stadtarchiv Arnstadt, Nr. 331-01-1, an verschiedenen Stellen
53 über den schlechten Zustand der Sammlung zuerst in: "Curiositäten...", S. 433; außerdem in: Stadtarchiv Arnstadt, Nr. 331-01-1, u. a. Bl. 7, Bl. 94RS
54 Stadtarchiv Arnstadt, Nr. 331-01-1, Bl. 93; Wedemann, S. 1
55 "Arnstädter Tageblatt", Nr. 83, vom 9. April 1893, "Lokales"
Pick, "Ein culturgeschichtlicher Puppenschrank." Im Besitz des Arnstädter Schloßmuseums befindet sich eine Ausstellungstafel für einen Puppenschrank, der auf der Thüringer Gewerbe- und Industrie-Ausstellung in Erfurt 1894 vertreten war. Der Text der Tafel stützt die genannte Jahreszahl von 1892.
56 verstreuter Hinweis in: Akten Schloßmuseum Arnstadt, Aktentitel: "Mon plaisir S-mpl 1"
57 "Gesetzessammlung für Schwarzburg-Sondershausen vom Jahre 1919", Sondershausen 1919, S. 121
58 nach dem Ableben der Fürstin Marie von Schwarzburg-Sondershausen am 5. Juli 1930; die Überführung der Puppensammlung nach Arnstadt erfolgte am 25. Oktober 1930 (verstreuter Hinweis in: Akten Schloßmuseum Arnstadt, Aktentitel: "Mon plaisir S-mpl 1", Jahresbericht der Museumsstiftung Arnstadt Rechnungsjahr 1930); Fürst Günther Victor verstarb bereits am 16. 4. 1925
59 Akten Schloßmuseum Arnstadt, Aktentitel: "Mon plaisir S-mpl 1", Jahresbericht der Museumsstiftung Arnstadt Rechnungsjahr 1931. Mit dem Aufbau der kunsthandwerklichen Sammlungen wurde Dr. Kunze, der Direktor der Erfurter Museen, beauftragt. Den Wiederaufbau der Puppensammlung betreute Frau Else Bielfeld, die Gattin des früheren Arnstädter Bürgermeisters.
60 Während des II. Weltkrieges wurde die Puppensammlung ausgelagert. Der Beginn der Auslagerungsarbeiten ist nicht eindeutig zu ermitteln, erste Schritte dazu wurden offenbar schon 1940 eingeleitet. Nach der Rückführung der Sammlung wurde das "Mon plaisir" am 26. 11. 1947 wiedereröffnet. Siehe auch Donhof, S. 14ff.
61 umfangreiche Darstellung in: Wiegand, Alt-Arnstadt, 9. Heft, S. 34ff. Es existieren Inventare aus den Jahren 1751,

1840, 1860, 1882, in: Stadtarchiv Arnstadt, Nr. 331-01-1 und 331-01-2. Das vollständige Inventar, das bis heute Gültigkeit besitzt, erstellte 1958 Dr. Roselt (in: Roselt, "Inventar...", S. 328ff.)

62 Wiegand, Alt-Arnstadt, 9. Heft, S. 35

63 siehe auch: Roselt, "Inventar...", S. 334f.

64 verstreuter Hinweis in: Akten Schloßmuseum Arnstadt, Aktentitel "Mon plaisir S-mpl 1"

65 Fotos der Sammlung in Schloß Gehren, 1930, in: "Akten der Museumsstiftung Arnstadt", Schloßmuseum Arnstadt

Anmerkungen zum Abschnitt "Die Puppen der Sammlung 'Mon plaisir'" (Carola Müller)

1 so bezeichnete "Kleine Puppen" befinden sich in allen Ausstellungsräumen

2 so bezeichnete "Große Puppen" lassen sich in Puppenstuben finden, die das engere höfische Umfeld der Fürstin darstellen (nach der gegenwärtigen Aufstellung der "Mon plaisir" -Sammlung sind dies die Ausstellungsräume 7 und 8)

3 Hillier, Mary, "Puppen und Puppenmacher", Frankfurt/M. 1968, berichtet S. 64 über Presepia (Krippenfiguren), deren Köpfe aus Holz geschnitzt worden sind und deren Körper aus "ziemlich roh belassenem Holz" gefertigt waren, wobei die Gewänder aus gut drapiertem Stoff hergestellt wurden, der mitunter in Kleister oder Wasserglas getaucht und danach in feuchtem Zustande auf den Puppenkörper aufgebracht worden war. Eine solche Fertigungstechnik trifft auf die großen Komödianten in "Mon plaisir" zu.
Frazer, Antonia, "Puppen", Frankfurt/M. 1963, S. 30, erwähnt billige geschnitzte Holzpuppen aus Deutschland, die als Exportartikel dienten.

4 Katalog zur Weihnachtsausstellung 1985/86 des Salzburger Muesums Carolino Augusteum, Band 31/85, " Die Krippensammlung des Salzburger Museums...", S. 177: "... typisch für Salzburg sind die winzigen Wachsköpfe mit typischen kleinen schwarzen Knopfaugen, Größe ca. 17. cm..." Die Mönche fallen durch ihre Knopfaugen auf.

5 Mischmasse: ein modellierbares Gemisch aus Gips, Leim und Kleie, wobei auch Mehl oder Holzmehl Verwendung fanden

6 Brusttuch

7 Laut freundlichem Hinweis von Herrn Ernst Stahl, Dipl.-Ethnograph, Arnstadt, mußten der Fürstin Auguste Dorothea diese wendisch-thüringischen Trachten von bestimmten Festlichkeiten, zu denen sich der damalige thüringische Adel einzuladen pflegte, bekannt gewesen sein. In Altenburg war es üblich, daß Bauern ihre Tänze in diesen Trachten als Besonderheit zur Unterhaltung der Gäste aufführen mußten. Siehe Moser, Deutsches Staatsrecht, Teil 2, S. 567: "Wenn der Herzog von Gotha nach Altenburg kömmt, tanzen zur Frohne 25 Paar Bauern und Bäuerinnen in Größtem Putze vor ihm im Schloßgarten."

Anmerkungen zu den Bildlegenden (Matthias Klein)

1 Diese Ansicht der Augustenburg zeigt das Lustschloß der Auguste Dorothea von Osten. Aus diesem Grunde erscheint das Hauptgebäude zurückversetzt im Mittelgrund. Links davon, im südlichen Seitenflügel, befand sich die Galerie, in der "Mon plaisir" ursprünglich aufgestellt wurde.

2 Um 1690 wurde der in England erfundene Wirkstuhl in Deutschland eingeführt. 1724 waren beispielsweise in Apolda bereits 481 solche Stühle in Betrieb (aus: "Stadt der Wirkwaren und der Glocken", Apolda 1974, S. 16; nach einem freundlichen Hinweis durch Herrn Hartmut Fuhrmann, Arnstadt)
Der Miniaturstuhl in "Mon plaisir" ist bezeichnet "J. F. P. 1741"

3 Tarr, S. 277

4 Inventar 1751, Stadtarchiv Arnstadt, Nr. 331-01-1, Bl. 14

5 Leber, S. 66

6 Die Liste der Schulden der Auguste Dorothea gegenüber ihren Bedienten führt mehrere Kammerjungfern auf (Nieders. Staatsarchiv Wolfenbüttel, 1 Alt 24 Nr. 238, Bl. 59/60-63). Das Inventar von 1751 bezeichnet die zwei Figuren als Kammermädchen.

7 Inventar 1751, a. a. O., Bl. 18f.

8 seit 1697, vorher Grafschaft

9 Ausmalung spätbarock, das Laub- und Bandelwerk der Régence findet sich, wie für "Mon plaisir" üblich, auch hier

10 "Curiositäten...", S. 429; Stadtarchiv Arnstadt, Nr. 331-01-1, Bl. 16 sowie Nr. 331-01-2, Bl. 9RS

11 Ausführungen nach einem freundlichen Hinweis durch Herrn Jürgen-Peter Schindler, Kirchenmusikdirektor und Orgelsachverständiger in Sulzbach-Rosenberg. Im Original ist dieses Instrument nur noch äußerst selten zu finden.

12 Inventar 1751, a. a. O., Bl. 14

13 Roselt, "Dorotheentaler Fayencen", S. 108

14 Inventar 1751, a.a.O., Bl. 13RS

15 In weiteren Puppenstuben befinden sich verschiedene nicht beschriebene oder bedruckte Attrappen, verschiedene Notenbüchlein und auf Miniformat gestutzte Exemplare.

16 Bräutigam, S. 81f.

17 Inventar 1751, a. a. O., Bl. 19RS

18 Das Inventar von 1751 beschreibt die Szene als "... Theatrum / mit Logen, auf den Theatro / spielen lauter Zwerge" (Stadtarchiv Arnstadt, Nr. 331-01-1, Bl. 13RS). Die Beilage zum "Arnstädter Tageblatt" Nr. 229, vom 30. 9. 1883, zitiert einen - leider nicht mehr vorhandenen - Theaterzettel dieser Puppenstube aus "Mon plaisir": "Es wird jedermänniglich bekannt gemacht, daß die berühmte Bande der Zwergcomödianten sich dahier eingefunden, welche alle Nachmittag präcise um 5 Uhr eine curieuse pièce vorstellen werden, wozu demnach alle und jede reputirliche Hohe und Niedrige Herren Liebhaber nach Stände=Gebühr eingeladen werden". Ob dieser Theaterzettel erst später der Puppensammlung hinzugefügt wurde, läßt sich leider nicht mehr ermitteln, Duktus, Grammatik und Orthographie deuten jedoch auf die erste Hälfte des 18. Jahrhunderts hin. Im ältesten Theaterbau Thüringens, dem Schloßtheater in Gotha, ist der Auftritt von wandernden Komödianten noch in der ersten Hälfte des 18. Jahrhunderts nachweisbar (Raschke, S. 4f.). Günther Hansen berichtet von verschiedenen Wanderkomödianten, die auch bei Hofe auftraten (im Werk u. a. S. 30ff., S. 156f., S. 202), ein Auftritt in den Räumlichkeiten eines Hoftheaters findet sich jedoch nicht.
Es handelt sich in "Mon plaisir" zweifellos um ein Hoftheater, worauf u. a. der Bühnenvorhang mit Doppeladler unter Krone hindeutet (der Vorhang befand sich zum Zeitpunkt der Fotoaufnahmen für längere Zeit in der Restaurierungswerkstatt).

Verschiedene Hinweise zum volkskundlichen Umfeld stammen dankenswerter Weise von Herrn Ernst Stahl, Arnstadt.

Bibliographie

ARIÈS, Philippe, Geschichte der Kindheit, München und Wien 1977.

BACHMANN, Manfred und HANSMANN, Claus, Das große Puppenbuch, Leipzig 1988.

BACHSTEIN, Johann Gottlieb, Arnstadt von 1763-1792, Tagebuch von J. G. Bachstein, veröffentl. von Fritz Wiegand. In: Alt-Arnstadt, Heft 11, 1936

BAKER, Roger, Puppen und Puppenhäuser, Wiesbaden 1978.

BAYER, Lydia, Das europäische Puppenhaus von 1550-1800. Teildruck Dissertation, Philosoph. Fakultät der Julius-Maximilians-Universität Würzburg, Würzburg 1962

BEYER, Constantin, Neue Chronik von Erfurt oder Erzählung alles dessen, was sich vom Jahr 1736 bis zum Jahr 1815 in Erfurt Denkwürdiges ereignete, Erfurt 1821
BLANKENBURG, Walter, Das Arnstädter Puppenhaus. In: Zeitschrift für Hausmusik, 7. Jg. Heft 1, Kassel 1938
BOEHN, Max von, Puppen, München 1929
BRÄUTIGAM, Herbert, Über ein Porzellanschloß in Dresden und Porzellankabinette in Thüringen. In: Porzellan aus China und Japan. Bestandskatalog und Katalogbuch zur Ausstellung der Staatl. Kunstsammlungen Kassel 1.7.-23.7.1990
CURIOSITÄTEN der physischen-literarischen-artistischen-historischen Vor- und Mitwelt; zur angenehmen Unterhaltung für gebildete Leser, Bd. 8, Weimar 1820
DONHOF, Manfred, Zur Geschichte der Museen der Stadt Arnstadt..., Fachschulabschlußarbeit, Arnstadt 1981 (Museumsexemplar)
FEHLIG, Ursula, Kostümkunde, Leipzig 1978
GAUDE, Werner, Die alte Apotheke, Leipzig 1979
GESCHICHTE DER ZURÜCKKEHR der reg. Häuser von Braunschweig und Sachsen in den Schoß der kath. Kirche im 18. Jh. und der Wiederherstellung der kath. Religion in diesen Staaten. Nach und mit Originalschriften von Augustin Theiner Priester des Oratoriums Einsiedeln 1843
GESCHICHTE DES ERFURTER URSULINENKLOSTERS. In: Beiträge zur Darstellung und zur Geschichte des Ursulinenordens, Jahrbuch des Verbandes selbständiger deutscher Ursulinenklöster, Bd. V, Berlin 1930
GESETZESSAMMLUNG für Schwarzburg-Sondershausen vom Jahre 1919, Sondershausen 1919
GREGORIUS, Johann Gottfried ("Melissantes"), Das jetzt florirende Thüringen..., Erfurt 1711
GRÖBER, Karl, Das Arnstädter Puppenhaus. E. Beitr. zur Geschichte des deutschen Wohnens im 18. Jahrundert. In: Pantheon, Jg. 1933, Heft 12, München 1933
GRÖBER, Karl, Kinderspielzeug aus alter Zeit, Hamburg 1929, 2. überarb. Aufl. 1965
GRÖBER, Karl, Das Puppenhaus der Fürstin Augusta Dorothea von Schwarzburg-Arnstadt, Königstein/Ts. und Leipzig 1934
GRÖBER, Karl, Die Puppenwelt der Fürstin Augusta Dorothea. E. Beitr. zur Kulturgeschichte des 18. Jh. In: Velhagen & Klasings Monatshefte, 44. Jg. 1929/1930, 1. Bd.
HAMPE, Theodor, Puppenhäuser und Puppenstuben aus alter Zeit. In: Daheim Nr. 13/14, 1921
HANSEN, Günther, Formen der Commedia dell'Arte in Deutschland, Emsdetten 1984
HILLIER, Mary, Puppen und Puppenmacher, München 1984
KUNZ, Johanna und SCHNEIDERS, Ulrike, Schöne alte Puppenstuben, Weingarten 1986
KÜHN, Bodo, Schloß Augustenburg bei Arnstadt. In: Unsere Heimat, Beil. d. Arnstädter Anzeigers, Nr. 1 vom 11.1.1936
LEBER; Wolfgang, Die Puppenstadt Mon Plaisir, Arnstadt 1986
MARWITZ, Christa von der, Das Gontard'sche Puppenhaus im Historischen Museum Frankfurt am Main, Kleine Schriften des Historischen Museums Frankfurt/M. Bd. 37, Frankfurt/M. 1987
MEILAND, Ernst, Die Bücher des Puppenmuseums 'Mon Plaisir' in Arnstadt. In: Marginalien. Blätter der Pirckheimer-Gesellschaft, Heft 8, Berlin 1960
MULLER, S. und VOGELSANG, W., Holländische Patrizierhäuser, Utrecht, Haag 1909
MÜLLER, Bernhard, Das Gontard'sche Puppenhaus im Städtischen Historischen Museum. In: Alt-Frankfurt. Vierteljahresschrift für seine Geschichte und Kunst, Jg. 5, Frankfurt/M. 1913
PICK, Dr. Albert, Ein culturgeschichtlicher Puppenschrank. In: Beilage zum Arnstädter Tageblatt vom 6.5.1894
PÜTTER, Johann Stephan, Johann Stephan Pütters Selbstbiographie, 1. Bd., Vandenhoeck und Ruprecht, Göttingen 1798
RASCHKE, Helga, Zur Musik- und Theatergeschichte der Stadt Gotha. In: Gothaer Museumsheft, Abhandlungen und Berichte zur Regionalgeschichte, Gotha 1983
REINECK, Karl, Die Augustenburg und das Mon plaisir der Fürstin Auguste Dorothea von Schwarzburg. In: Wissenschaftliche Beilage der Leipziger Zeitung Nr. 64, vom 4. Juni 1898
REINELT, Sabine, Puppenküche und Puppenherd in drei Jahrhunderten, Weingarten 1985
RICHTER, Lydia und Joachim F., Puppen-Raritäten, München 1986
ROSELT, J. Christoph, Barockgläser im Schloßmuseum Arnstadt. In: Die Weltkunst, 28. Jg., Nr. 6 v. 15. 3., München 1958
ROSELT, J. Christoph, Dorotheentaler Fayencen. In: Form und Zweck, Jahrbuch für angewandte Kunst, Berlin 1957
ROSELT, J. Christoph, Inventar der Puppenstadt 'Mon plaisir' im Schloßmuseum Arnstadt. In: Forschungen zur thüringischen Landesgeschichte, Weimar 1958
SNYDER, Geerto, Unsterbliche Meisterwerke - Ihr Weg durch die Zeit, München 1958
SUMMARISCHER Begriff Derer Exceptionen Welche...Fürst...Christian Wilhelm...zu Schwarzburg...Wider die Praetensiones So... Fürstin... Augusta Dorothea... Wegen Dero Witthums und anderen Weiblichen Gerechtigkeiten formiret... Gedruckt 1718
TARR, László, Karren, Kutsche, Karosse. E. Geschichte des Wagens, Berlin 1970
TRAUMWELT der Puppen, bearb. von Barbara Krafft, München 1991
WEDEMANN, H., Das Mon plaisir: In: Arnstädter Tageblatt, Beil. zu Nr. 229 vom 30. 9. 1883
WIEGAND, Fritz, Monplaisir. In: Alt-Arnstadt, Heft 9, 1932
WIEGAND, Fritz, Die Puppensammlung 'Monplaisir' im Besitz des braunschweigischen Herzoghauses.In: Unsere Heimat, Beilage zum Arnstädter Anzeiger, Nr. 5, 1934
WIEGAND, Fritz, Zur Geschichte der Augustenburg. In: Alt-Arnstadt, Heft 12, 1939

FOTONACHWEIS: Die Aufnahmen von Frank Mihm, Kassel, wurden ergänzt durch: Foto Ruhe, Arnstadt: Seite 5. - Detlef Marschall, Weimar: S. 8 u., 9, 10 u., 11 u., 13, 18 u., 26 u., 34 o., 35 o. - Carola Müller: S. 8 o. - Nick Nicholson, London: S. 10 o., 11 o ., 22, 30, 31 - 33, 36 - 40, 42, 43.
UMSCHLAG-SEITEN: vgl. S. 18 und 39

IMPRESSUM: 2., durchgesehene Auflage 1994.
Postfach 1327, D-61453 Königstein im Taunus.
Printed in Germany.
ISBN 3-7845-1172-4

English Summary

The Schlossmuseum in Arnstadt is closely linked with the name of the unique dolls' collection from the first half of the eighteenth century: "Mon plaisir". This collection is the life-work of the duchess Auguste Dorothy of Schwarzburg-Arnstadt and originated mainly in Augustenburg near Arnstadt. A vivid picture of a small German capital town 250 years ago is shown in 82 doll's houses including 400 dolls. The collection is not only unique in its extent and entity but is also remarkable for its number of accessories. The viewer is presented with commodities which have only been able to survive in such a collection as this and here can be seen en miniature.

Due to duchess Auguste Dorothy's passion for her collection one is able to experience a fragment of social history as shown in "Mon plaisir". The dolls' collection reveals not only the originator's courtly surroundings but also the life standards of the other social classes of that time. In this respect the Arnstadt "Mon plaisir" differs from other famous dolls' houses of the 17th and 18th century in Amsterdam, Utrecht, Nürnberg, Frankfurt/Main or Bologna. These present a diminished image of the reality and also express the mentality of each originating country.

The dolls' collection "Mon plaisir" was a representational cabinet piece and a component of duchess Auguste Dorothy's collection of cabinet pieces and was most certainly not intended for children's play. The production and the collecting of such objects was a very costly pastime; it is well known that due to her passion for collecting the duchess was highly in debt.

Although a lot of the dolls' collection was produced in Arnstadt the names of the craftsmen involved in its completion are not known. The originators of these artistically made dolls heads remain unknown as well.

Apparently duchess Auguste Dorothy also engaged her court household for the production of the dolls' collection and probably her maids of honour were involved in the production of the dolls garments.

After the death of the duchess the dolls' collection underwent a very diverse history. Finally, in 1930, the dolls' collection was presented in the Schlossmuseum Arnstadt where, up until today, it has been accessible to native visitors and visitors from abroad.

Illustrations:

Page 3: Portrait of Duchess Auguste Dorothea von Schwarzburg-Arnstadt (1666-1751), daughter of Duke Anton Ulrich of Brunswig-Wolffenbüttel. Originator of the "Dolls' Town", 'Mon plaisir'. Unknown Master, 1726.

Page 5: View of Augustenburg, Pius Rösel, 1708.

Page 6: Dolls' house "Albertinian Garden", 1744

Page 7, top: Dolls' house "Cabinet of art and Rarities".

Page 7, bottom: The first page of the inventory of the dolls' collection "Mon plaisir" listed in 1751.

Page 8, top: Body build of a male standard-doll from "Mon plaisir".

Page 8 till Page 11: Different details from the dolls' collection, compare page 18, 22, 34, 42, 43.

Page 13, top: Vocalist and monk in the "Pub". In comparison to the other dolls' heads these are unique. - Bottom: Scholar (so called "faith-healer") from the dolls-house "Fair", compare page 18f. The only doll with a pair of glasses; again the head is unique.

P. 14: "Carpenters-workshop" with miniature tools.

Page 15: "Turner's-workshop": Workshop as well as bedroom.

P. 16: "Weavers' workshop": Left: Stocking-weaving-loom, in the middle a weaving loom, on the right a spinning-wheel. Bales of course linen are stored in the room.

Page 17: Details of the doll's house "Bear Dance in front of the Pub", which is connected by arched doorways with the adjacent doll's houses "Stable" and "Altenburg Country Wedding". The scene takes place in the open air.

Page 18 and 19: Details of the two biggest dolls-houses in the collection, "Fair": P. 18 top: Left: "Rat-trap dealer", the so called "Slovakian" (compare p. 10 and illustration on back cover), next to him on the right a female oil dealer in traditional Altenburg costume. Bottom: travelling dealer with "vendor's box". - P. 19 top: buffoon; bottom left: metalware dealer; bottom right: small comedians.

Page 20: "Bakery" connected by a door with the doll's house "Flour Supply": Bakery and sales-room in the same room; Due to preservational reasons the pastry was made of salted dough.

Page 21: "Butcher": top: outdoor sale; bottom: the female beggar was integrated very impressively in the collection by the ducal patroness.

Page 22: "Everyday Room of the Moor Family": In the early 18th century many dynastical houses had "court moors".

Page 23: "Apothecary": The apothecary jars bear labels showing the designated contents, which to a certain extent are still present in remnants. - Bottom: Rural customer.

Page 24/25: "Post-station" for the transfer of passengers and the changing of horses. The animals are partially made of real fur.

Page 26: "Laundry", even the duchesses embroidered monogrammes - en miniature - are not lacking.

Page 27: "Tailor's Shop": The door in the background leads to the bedroom. The room is decorated with contemporary copper engravings. Bottom: The iron was heated by the pot with the glowing embers.

Page 28: "Hairdresser": A mirror is attached to the chimney-piece and coloured engravings are fixed to the silk wallpaper. The hairdresser uses the spoon on the table to bulge the customers' cheek whilst shaving.

Page 29: Doll's-House of the "Kitchenwarden": He was responsible for the Royal Kitchen's shopping and stock-keeping. On the whole the cupboard contains that which is written on its drawers.

Page 30 and 31: "Royal Kitchen": The Dutch influence is quite apparent; the variety of materials is remarkable. The blue tiles in the lower part of the kitchen are imitations.

Page 32: "The Duchess' Bedroom", in the front a warming-pan.

Page 33: "Manorial chamber for the week-days": The inventory from 1751 already lists the ducal chamber's exquisite interior. The walls in the niches are decorated with blue repped textile as also silk damask on which copper engravings are fixed.

Page 34 and 35: "Catholic Church": Whilst the duchy was of Lutheran faith the duchess converted to catholicism in 1715. 1751 she was buried in the Ursuline cloister in Erfurt. The monks here are wearing traditional costumes from the different orders. The Dolls scene of the "Procession" has disappeared. Bottom: Ursuline nun in her praying-cell. - Page 35 bottom: Ursuline monastic convent-school with functionable equipment.

Page 36: "Blue Grand Parlour with a lady and a gentleman visitor": The wall covering is of blue rep with woven stripes and ornamental floral creepers. The pug lying in the front is made of wax.

Page 37: "Drawing Room with women in conversation": Illusionistic architecture painted on wall and ceiling. In the centre of the ceiling is a fresco of the "Holy Concert".

Page 38: "Playing Room with lady and gentleman": The collapsible table game includes draughts on the outside, and a backgammon game on the inside.

Page 39: "Music Room", also named Hunting Room because of the scenes on the wallpaper. In the front on the right a so-called "Nuremberg Geigenwerk". This small instrument is operated by means of a pedal which sets a flywheel into motion, activating several tiny wheels covered with vellum and colophony which in their turn vibrate the instruments' strings.

Page 40: "Green Cabinet with two ladies": In the cabinet on the left is a "harfenett", a small upright zither; the fireplace was made in the fayence manufactory in Dorotheenthal.

Page 41: "Scholar's Closet": Some of these books, as well as others in the dolls' house of "Mon plaisir" are printed miniature editions.

Page 42: "Porcelain Cabinet": In shape and decoration the miniature porcelain is mainly of Chinese, sometimes of Japanese origin. The painted decoration is partly European.

Page 43: "Reception in the duchess' Throne Chamber", which is connected by a door to the dollshouse "Visit". The wallpaper is made of colored Japanese woodcuts which are glued on fabric covering.

P. 44: "Hall with grand evening ball and entertainment".

Page 45: "Court Theatre": The perfomance of a strolling theatre company on a courtly stage from the first half of the 18th century is very special. In the front "Dwarf Comedians".

*